KINZAI バリュー叢書

株主代表訴訟と
D&O保険

弁護士法人 大江橋法律事務所 [編]

一般社団法人 金融財政事情研究会

■はしがき

　「株主代表訴訟」という言葉は、ニュースなどでよくみかけるものの、それがどのようなものであるか、きちんと知っている方や考えたことのある方は少ないのではないだろうか。株主代表訴訟は、会社の役員を対象とする訴訟であるが、役員に就任されている方であっても、どこか他人事のように感じておられる方が多いのが実情であると思われる。米国ならともかく、日本は訴訟社会ではないので、さほど心配する必要はない、といった感覚もあるのかもしれない。

　しかしながら、マスコミに報道されていないものを含め、日本でも意外と株主代表訴訟は起きている。

　わが国における株主代表訴訟の年間の提訴件数は、過去20年間ほぼ60件を下らない水準にあり、2012年には100件を超えている。この数字を多いと受け止めるかどうかは人それぞれと思われるが、今後は株主代表訴訟の件数が増えることはあっても、減ることはあまり考えにくいであろう。

　その要因として、まず、コーポレートガバナンス強化の潮流があげられる。コーポレートガバナンスの強化が国策の1つとして掲げられているなかで、社外取締役の増加は止めることのできない流れとなっている。株主代表訴訟の

対象者が増えることに加え、株主の権利意識が高まり、業務執行に対する監視が厳しくなっていることから、株主代表訴訟の件数はますます増えることが予想される。

次に、企業の不祥事が増加しているということが株主代表訴訟の増加要因として考えられる。ここ数年間でも、粉飾決算、データ偽装、不当表示といった企業不祥事が数多く発生しており、その多くが株主代表訴訟の対象となっている。昨今の日本企業のグローバル化に伴い、海外の法規制に抵触する可能性が増大しているが、今後は海外事業に関する不祥事を対象とした株主代表訴訟もありうるだろう。

さらに、2014（平成26）年の会社法改正によって「多重代表訴訟」が導入されたことがあげられる。この制度では、純粋持株会社の株主が純粋持株会社の子会社の役員の責任を追及できるようになった。このため、今後は多重代表訴訟というかたちで、上場会社の子会社についても役員の責任追及がなされることが考えられる。

このように、株主代表訴訟が増加する流れが予測され、役員が損害賠償責任を追及されやすくなっている一方で、役員の賠償リスクに対応した保険が存在している。

これが、会社役員賠償責任保険、通称「D&O保険」と呼ばれるものである。

実際に株主代表訴訟を提起された役員が、万一損害賠償

義務を負うことになった場合に、その賠償リスクを補償するのがD&O保険である。上場会社の多くがD&O保険に加入しているものの、そもそもD&O保険の仕組みや補償の内容についてはあまりよく知られていないのが実態ではないだろうか。

そこで本書では、法律や保険に必ずしも精通されていない読者の皆様（特に企業の役員の方々や役員になろうとしている方々）を対象に、株主代表訴訟とD&O保険についてわかりやすく説明している。全体を大きく4つの章に分け、①会社役員が損害賠償責任を負うのはどのような場合か（第1章）、②株主代表訴訟とはどのようなものか（第2章）、③D&O保険とはどのような保険か（第3章）、④保険金の請求はどのように行うか（第4章）、といった基本的な項目を、平易な文章で解説するよう心がけた。

本書によって、会社の役員がどのような法的責任を負い、どのようなプロセスで責任追及されることになるか、そして、こうしたリスクが保険によってどのようにカバーされているのかを、効率よくご理解いただけるものと信じている。

なお、本書においては、日本の保険会社の一般的なD&O保険を前提に記載しているが、実際の約款の文言と異なる場合がある点にはご留意いただきたい。

本書の執筆は、弁護士法人大江橋法律事務所のコーポ

レート・M&Aプラクティスグループのメンバーである山口拓郎および当職、加えてファイナンス・保険プラクティスグループのメンバーである嶋寺基および早野述久が担当し、執筆者全員での議論と相互の推敲を経て本書を完成させたものである。本書が読者の皆様のご理解の一助となれば望外の喜びであるが、忌憚のないご指摘・ご批判をいただければ幸いである。

　本書の出版にあたっては、企画段階から校正に至るまで、一般社団法人金融財政事情研究会の田島正一郎氏に多大なご尽力をいただいた。この場を借りて厚く御礼申し上げる。

2016年10月

執筆者を代表して

関口　智弘

目　次

第1章
会社の役員が損害賠償責任を負うのはどのような場合か

1　役員の「葛藤」……………………………………………… 2
2　いま、役員に求められるもの ……………………………… 4
3　役員はどのような法的責任を負うか ……………………… 8
　(1)　役員はだれに対して、どのような法的責任を負うか ……… 8
　(2)　「経営判断の原則」とはどのようなものか ………………… 14
　(3)　経営難に陥った子会社の救済についても、取締役に裁量は認められるか ……………………………………… 18
　(4)　一部の役員が違法行為に関与していた場合に、他の役員も責任を負うのか ……………………………………… 22
　(5)　従業員が違法行為に関与していた場合に、役員は責任を負うのか ……………………………………………… 28
4　役員の責任を免除・制限する会社法上の仕組み ………… 33
　(1)　役員の責任を免除・制限する仕組みは4つ ……………… 33
　(2)　責任の全部免除には総株主の同意が必要 ………………… 34
　(3)　責任の一部免除には職務執行についての善意・無重過失が必要 ……………………………………………… 34
　(4)　責任限定契約を締結できるのは業務執行取締役等以外の役員に限られる ………………………………………… 35

5　役員が支払った損害賠償額や争訟費用の会社補償 ……… 37
　◆コラム　コーポレート・ガバナンス・システムの在り方に関する研究会 ……………………………………………… 40

第2章
株主代表訴訟とはどのようなものか

1　株主代表訴訟はどのような場合に提起されるか ……… 44
(1)　株主が会社にかわって役員の責任追及をするのが株主代表訴訟 …………………………………………………… 44
(2)　株主代表訴訟の一般的な手続の流れ ……………………… 45
2　実際にどのような株主代表訴訟が起きているか ……… 48
(1)　米国型を参考にして導入された訴訟制度 ………………… 48
(2)　株主代表訴訟は時代とともに変わってきた ……………… 49
(3)　大和銀行株主代表訴訟をきっかけに改正された制度 …… 50
3　不祥事の発覚から株主代表訴訟の提起まで …………… 53
(1)　企業不祥事と株主代表訴訟の関係とは …………………… 53
(2)　会社が企業不祥事を把握する方法とは …………………… 54
(3)　会社が企業不祥事を把握した後になすべき対応とは …… 56
(4)　第三者委員会による調査 …………………………………… 60
(5)　提訴請求とは何か …………………………………………… 63
(6)　責任調査委員会による調査 ………………………………… 67
4　株主代表訴訟の審理はどのように進むか ……………… 71
(1)　だれが株主代表訴訟の当事者になるのか ………………… 71

(2)　株主代表訴訟ではどのような責任が追及されるのか‥‥‥‥ 74
　(3)　株主代表訴訟の濫用を防止する制度はあるか‥‥‥‥‥‥‥ 76
　(4)　株主代表訴訟において会社はどのような役割を果たすか‥‥ 79
　(5)　株主代表訴訟における審理の特徴‥‥‥‥‥‥‥‥‥‥‥‥ 81
5　株主代表訴訟はどのように終わるのか‥‥‥‥‥‥‥‥‥‥‥ 84
　(1)　判決前に和解で終わることもある‥‥‥‥‥‥‥‥‥‥‥‥ 84
　(2)　株主が勝訴した場合、株主は強制執行ができるほか、
　　　弁護士報酬などを会社に対して請求することができる‥‥‥‥ 86
　(3)　取締役が勝訴した場合、取締役は会社に対して防御に
　　　要した費用を請求できるほか、株主に対して損害賠償請
　　　求できる場合もある‥‥‥‥‥‥‥‥‥‥‥‥‥‥‥‥‥‥ 88
6　2014年会社法改正で導入された多重代表訴訟‥‥‥‥‥‥‥ 89
　(1)　多重代表訴訟制度──親会社株主による子会社役員の
　　　責任追及のための制度‥‥‥‥‥‥‥‥‥‥‥‥‥‥‥‥‥ 89
　(2)　多重代表訴訟と株主代表訴訟との類似・相違点はどの
　　　ようなものか‥‥‥‥‥‥‥‥‥‥‥‥‥‥‥‥‥‥‥‥‥ 90
　　◆コラム　デジタル・フォレンジックとは？‥‥‥‥‥‥‥‥ 93

第3章

D&O保険とはどのような保険か

1　D&O保険では何が補償されるか‥‥‥‥‥‥‥‥‥‥‥‥‥ 96
　(1)　D&O保険には役員を守るとともに会社の企業価値を高
　　　める役割がある‥‥‥‥‥‥‥‥‥‥‥‥‥‥‥‥‥‥‥‥ 96

- (2) D&O保険では損害賠償金と争訟費用が補償される ………… 99
- (3) 役員のすべての責任がD&O保険の補償対象となるわけではない ……………………………………………………………… 101
- (4) D&O保険の補償を受けるためには「役員」であることが必要か ………………………………………………………… 110
- (5) 保険事故が発生しても直ちに保険金を請求することはできない ………………………………………………………… 112
- (6) 会社から補償を受けた場合はD&O保険の補償を受けることができない ……………………………………………………… 113

2 特約では何が補償されるか ……………………………………… 115
3 会社が保険料を全額負担してもよいか ………………………… 118
4 D&O保険の契約時にどのような点をチェックすべきか ……………………………………………………………………… 120
- (1) 保険金の支払限度額を確認する ……………………………… 120
- (2) どのような場合に免責となるかを知っておく …………… 122
- (3) 責任の遡及日を定めるのが一般的 …………………………… 123
- (4) 告知を正しく行うことが重要 ………………………………… 124
- (5) 子会社の役員を被保険者に追加する必要はないか検討する ………………………………………………………………… 125
  - ◆コラム 今後D&O保険はどう変わるか ……………………… 127

第 4 章

保険金の請求はどのように行うか

1 保険会社に対してどのような通知義務を負うか ……… 131
 (1) 損害賠償請求の通知を受けたらすぐに保険会社に連絡
   すべき …………………………………………………… 131
 (2) 損害賠償請求のおそれがあることを知ったときも保険
   会社への連絡が必要 …………………………………… 132
2 争訟費用の前払いは受けられるか …………………… 136
 (1) 争訟費用は紛争解決後に支払われるのが基本 ………… 136
 (2) 争訟費用の前払いは保険会社の裁量による ………… 138
3 保険会社はどのようにして保険金の査定を行うか …… 140
 (1) 役員はどこまで調査に協力しなければいけないのか …… 140
 (2) 保険会社は株主代表訴訟にどのようにかかわるのか …… 144
4 保険金の支払いまでの流れはどのようなものか ……… 150
 (1) 提訴請求から株主代表訴訟の提起まで ……………… 151
 (2) 株主代表訴訟の提起後における訴訟活動 …………… 152
 (3) 損害賠償責任の確定から保険金請求書類の提出まで …… 156
 (4) 保険金請求書類の提出から保険金の支払いまで ……… 160
5 複数の役員が損害賠償請求を受けた場合の注意点 …… 163
 (1) 保険金額が共通であることによる問題 ……………… 163
 (2) 各役員の関与の違いによる問題 ……………………… 164
    ◆コラム　海外で訴訟が提起された場合はどうするか ……… 165

あとがき	167
参考文献	169
事項索引	170
編者・著者紹介	175

第1章

会社の役員が損害賠償責任を負うのはどのような場合か

1 役員の「葛藤」

　あなたが新たに会社の役員に就任することになった場合、自分が役員に就任した後に、果たしてどのような法的責任を負うのか不安に思うのではないだろうか。

　また、すでに役員に就任している方でも、自分が役員を務める会社が重要な意思決定をする場合、たとえば取締役会で他の会社の買収を決議しようとしている場合に、どのような判断をすべきか迷うことがあるのではないだろうか。取締役であれば、その買収対象の会社には、買収代金に見合うだけの価値があるのか、その会社を買収するということが正しい経営判断なのかが分からず、取締役会で賛成するか否かを迷うかもしれない。また、監査役であれば、何の意見も述べずに取締役会での決議をそのまま認めることが正しい判断であるかを迷うかもしれない。このような判断をする場合には、将来、買収した会社に不正会計が発見され、あるいは、買収した会社が思うような利益をあげられず、結果的に買収時の判断が誤りであったような場合に、株主から役員個人の責任を追及されることはないのかといった不安が常につきまとうことになる。

　他方で、会社の役員は、既存の会社資産をリスクにさら

してでも、新たな事業への投資という判断をしなければ、会社をさらに成長・発展させることはできない。そのため、会社のさらなる成長・発展のために意思決定をするということは、常に、株主から経営責任を問われるだけでなく、株主代表訴訟による損害賠償請求というかたちで法的責任を追及されるリスクを伴うことになり、役員は、役員個人の法的責任の追及というリスクを抱えながら経営に関する判断をしなければならない。

　しかし、役員個人が、このような法的責任の追及をおそれて、積極果敢な意思決定を行うことができないのであれば、企業の発展は望めず、日本経済の再興も望めない。そこで、今日の日本では、経営陣幹部に対して「攻めのガバナンス」を行うことが求められるようになっており、適切なリスクテイクを支える環境整備が進められている。

2 いま、役員に求められるもの

　「『日本再興戦略』改訂2014―未来への挑戦―」に基づき、日本の成長戦略の一環として、「コーポレートガバナンス・コード原案～会社の持続的な成長と中長期的な企業価値の向上のために～」が策定され、2015年6月1日、**コーポレートガバナンス・コード**を取り込んだ東京証券取引所の有価証券上場規程が施行された。

　このコーポレートガバナンス・コードでは、「コーポレートガバナンス」を「会社が、株主をはじめ顧客・従業員・地域社会等の立場を踏まえた上で、透明・公正かつ迅速・果断な意思決定を行うための仕組み」と定義している。この「迅速・果断な意思決定」こそが**攻めのガバナンス**と呼ばれるものである。

　これまでコーポレートガバナンスといえば、会社における不祥事の防止やリスクの回避・抑制の側面が強調されていたが、そのせいで、日本企業の経営陣は、結果責任を問われることを懸念して、リスク回避的な行動をとる傾向にあり、それが会社としての果断な意思決定や事業活動に対する阻害要因となっていた。そこで、「コーポレートガバナンス」の定義に、「迅速・果断な意思決定を行うための

仕組み」という文言を加え、健全な企業家精神を発揮しつつ経営手腕をふるえるような環境整備を図ろうとするものがコーポレートガバナンス・コードである。

こうした考えに基づき策定されたコーポレートガバナンス・コードでは、「経営陣幹部による適切なリスクテイクを支える環境整備を行うこと」が取締役会の責務として明記されている。このような経営陣幹部による適切なリスクテイクを支える環境整備の一環として、コーポレートガバナンス・コードでは、経営陣幹部の提案を独立した客観的な立場において多角的に検討できる社外取締役の導入や、中長期的な会社の業績や潜在的リスクを反映させたインセンティブ報酬の採用を求めている。

さらに、経営陣幹部が適切なリスクテイクによる経営判断を行った結果、会社に損害が発生した場合でも結果責任が問われることがないよう、現在、その活用が注目されているのが**会社役員賠償責任保険**（D&O保険）である。

D&O保険は、会社の役員が万一損害賠償責任を負うことになった場合に、役員に対して補償を提供する保険である。そのため、新たに役員に就任される方や、すでに役員を務めている方にとって、その会社がD&O保険に加入しているか、加入しているとすれば、D&O保険の補償内容はどのようなものかを知っておくことは何よりも重要である。ただし、D&O保険の補償内容を理解するうえでは、

その前提となる役員の法的責任の内容や、役員の法的責任を追及する手続である株主代表訴訟制度を知ることに加え、特に近時では不祥事から株主代表訴訟に発展することが多いため、不祥事発生から保険金請求までの流れを理解することも重要となる。

そこで本書は、D&O保険の仕組みと内容をご理解いただきやすいよう、役員が負う法的責任の内容、株主代表訴訟の手続と不祥事発生から保険金請求までの流れについて述べた後で、万一役員が損害賠償責任を負うことになった場合にD&O保険からどのような補償を受けられるのか、また、保険契約締結の際や保険金請求の際にはどのような点に留意すべきかを解説することとし、この一冊でD&O

図表1-1 「攻めのガバナンス」に向けた環境整備

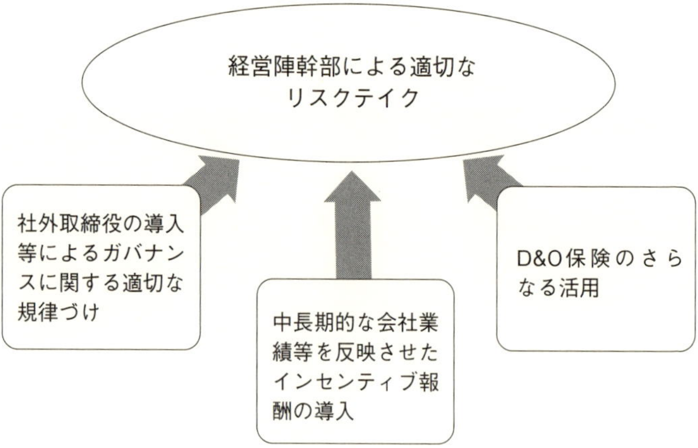

経営陣幹部による適切なリスクテイク

- 社外取締役の導入等によるガバナンスに関する適切な規律づけ
- 中長期的な会社業績等を反映させたインセンティブ報酬の導入
- D&O保険のさらなる活用

保険に関する要点を網羅的に理解できるように工夫している。

3 役員はどのような法的責任を負うか

(1) 役員はだれに対して、どのような法的責任を負うか

a 役員は会社と第三者に対して法的責任を負う

会社法において、取締役、会計参与、監査役、執行役または会計監査人（以下「**役員等**」という）は、その任務を怠ったときは、会社に対して、責任を負うとされている。

図表1-2 役員が負う法的責任

	対会社責任		
	任務懈怠責任	利益相反取引による責任	株主の権利行使に関する利益供与による責任
取締役・執行役	○	一定の要件を満たす場合に責任を負う	一定の要件を満たす場合に責任を負う
会計参与	○	×	×
監査役	○	×	×
会計監査人	○	×	×

これを**役員等の対会社責任**などと呼ぶ。

また、取締役と執行役について、会社法で定められた特別の責任として、会社との間で利益相反取引をした場合や、株主の権利行使に関する利益供与をした場合、分配可能額を超過または欠損を生じる剰余金の配当等をした場合、募集株式の発行等の際の現物出資財産の価額が不足する場合、募集株式の引受人等が出資の履行を仮装した場合に、これらに関与した者等の一定の者が損害賠償責任を負うことが定められている。

さらに、会社法において、役員等は、その職務を行うについて悪意または重大な過失があったときは、これによって第三者に生じた損害を賠償する責任も負うとされる。こ

分配可能額を超過する・欠損を生じる剰余金の配当等による責任	出資の履行に瑕疵がある場合の責任	対第三者責任
一定の要件を満たす場合に責任を負う	一定の要件を満たす場合に責任を負う	○
×	×	○
×	×	○
×	×	○

れが、**役員等の対第三者責任**と呼ばれるものである。

b 役員の対会社責任の要件

では、役員等がその任務を怠ったとして、会社に対して責任を負うのはどのような場合か。

会社と役員等との関係は、委任関係であり、役員等が会社に対して損害賠償責任を負う場合とは、この委任契約上の義務の不履行をした場合であり、このことを一般的に「**任務懈怠**」と呼ぶ。この任務懈怠により会社に対して損害を与えた場合に、役員等は、会社に対して、その損害を賠償する責任を負うことになる。

対会社責任の要件は、①任務懈怠の客観的事実、②帰責事由（任務懈怠についての故意または過失）、③会社に対する損害の発生、④任務懈怠と損害との間の因果関係である。

任務懈怠の態様は、**善管注意義務違反**と**法令違反**とに分けられる。善管注意義務違反が任務懈怠となるのは、民法において、受任者は委任者に対して善管注意義務を負うとされており、これに違反することが委任契約上の義務違反として任務懈怠となるからである。また、法令違反が任務懈怠となるのは、法令を遵守することが役員の委任契約上の義務であると解されているためである。

c 役員の対第三者責任の要件

では、役員等が第三者に対して損害賠償責任を負うのはどのような場合か。

役員等は、第三者との間に直接の契約関係はないため、本来であれば、民法上の不法行為責任しか負わないはずである。しかし、株式会社が経済社会において重要な地位を占めていること、しかも株式会社の活動はその機関である取締役の職務執行に依存するものであることを考慮して、会社法では、役員等は民法上の不法行為責任よりも緩やかな要件で第三者に対して損害賠償責任を負うとされている。

役員等の対第三者責任の要件は、①任務懈怠（善管注意義務違反や法令違反）の客観的事実、②当該任務懈怠についての悪意または重過失、③第三者に対する損害の発生、④任務懈怠と損害との間の因果関係である。民法上の不法行為責任であれば、他人の権利または法律上保護される利益を侵害することについての故意または過失が必要とされるのに対し、会社法上の対第三者責任では、第三者の権利を害することについての故意または過失がなくても、任務懈怠についての悪意または重過失があれば、役員等は第三者に対して損害賠償責任を負うとされている点で、民法上の不法行為責任よりも、役員等の損害賠償責任のほうが認

められやすくなっている。

　対第三者責任の要件として、「任務懈怠」が要求されることは、会社に対する「任務懈怠」による損害賠償責任の要件と同じであるが、その内容について以下のような議論がある。すなわち、会社の財務状態が極度に悪化している場合には、役員等には株主の利益の最大化だけではなく、会社債権者の損害拡大の防止にも配慮する義務が課されることになり、対第三者責任の要件である「任務懈怠」と対会社責任の要件である「任務懈怠」とは、内容が異なる場合があるという議論である。しかし、会社の財務状態が極度に悪化しているような場合でなければ、対会社責任の要件である「任務懈怠」と対第三者責任の要件である「任務懈怠」の内容は、基本的に同じものとして考えてよい。

d　任務懈怠の類型

　それでは、どのような行為が役員等の「**任務懈怠**」となるのか。

　役員等の職務は、取締役または執行役の職務である業務執行に係る意思決定および業務執行それ自体と、他の取締役または執行役の業務執行に対する監督・監視義務に分けられる。業務執行に関する任務懈怠については、法令違反行為によるものと、法令違反が認められない場合の善管注意義務違反によるもの（経営判断の誤り）とに分けられる。

なお、取締役および執行役には、法令に違反するような業務執行を行う裁量はないから、法令違反となる業務執行行為は当然に任務懈怠となり、対会社責任との関係でいえば、取締役・執行役が自身に帰責事由（故意または過失）がないことを立証できない限り、会社に対して損害賠償責任を負うことになる。

　これに対して、法令違反が認められない場合、つまり業務遂行上の判断の誤りが善管注意義務違反として任務懈怠となる場面は、法令違反の場合よりも限定されている。取締役または執行役の業務遂行は、不確実な状況で迅速な決断を迫られる場合が多いため、判例上「**経営判断の原則**」という法理が認められ、一定の要件を満たした場合には、裁判所が取締役または執行役の判断に対して事後的な評価をしないこととしているからである。

　また、役員等の任務懈怠責任は、他の取締役または執行役に対する**監視義務**違反というかたちでも問題になる。これは、取締役や監査役の職務として、他の取締役または執行役の職務の執行の監督が含まれているからである。

　さらに、ある一定規模以上の会社では、内部統制システムを整備することが義務づけられており、会社に不祥事が発生した場合には、内部統制システムに不備があったとして、この**内部統制システム構築義務**の違反として任務懈怠責任が認められることもある。

加えて、最近では、親会社と子会社から構成される企業集団に関して、親会社の取締役には、善管注意義務の一環として、子会社の業務を監督し、子会社の業務を通じて親会社の財産価値を維持・向上させる義務があるとも解されるようになってきている。そのため、子会社で不祥事が発生した場合に、企業集団における内部統制システムの構築義務違反として親会社の役員等の任務懈怠責任が問われる可能性も出てきている。

　それでは、具体的にどのような場合に役員等が任務懈怠責任を負うことになり、あるいは、「経営判断の原則」によって取締役の判断が尊重されることになるのか。役員等の任務懈怠の有無が争われた場合に、裁判所がどのような判断をするのか知っていただくために、実際に裁判で争われた事例をいくつかご紹介したい。

(2) 「経営判断の原則」とはどのようなものか

a　アパマンショップ株主代表訴訟事件の事例

　不動産賃貸あっせんのフランチャイズ事業を営むアパマンショップホールディングスは、同社が発行済株式総数の約66％を有する子会社（アパマンショップマンスリー）を完全子会社化しようと考え、2006年に、

> アパマンショップマンスリーの他の株主から同社の株式を取得することとした。
>
> アパマンショップマンスリーは、2001年に設立された会社であり、設立時の払込金額が1株あたり5万円であったことから、今回の取得価格も1株あたり5万円とすることを予定している。しかし、監査法人等に依頼して算定したアパマンショップマンスリーの株価は2万円以下であった。
>
> 1株あたり5万円でアパマンショップマンスリーの株式を取得することは、取締役の善管注意義務違反となるか。

b 判断過程が適切であり、判断内容が著しく不合理でなければ広い裁量が認められる

一見すると、1株あたり2万円以下と評価されている株式を5万円で取得するという取締役の行為は、会社に損害を与える行為であり、このようなことを行った取締役は、善管注意義務違反として任務懈怠責任を負うことになると思われるかもしれない。

しかし、このような事例で、裁判所は「経営判断の原則」を適用して取締役の任務懈怠責任を否定した。

「経営判断の原則」とは、法律に明文の規定はないもの

の、従来から裁判例で認められてきた法理であり、①経営判断をした当時の状況に照らして、経営判断のための合理的な調査、情報の収集と分析および検討がなされ（判断過程の適切性）、②経営判断の内容が著しく不合理でなければ（判断内容の合理性）、裁判所は取締役の経営判断を最大限尊重し、経営判断の内容の合理性には介入せず、取締役の損害賠償責任を否定するという原則である。

　企業経営に関する判断は、不確実かつ流動的で多様なものであり、そのような状況で迅速な判断を迫られる場合が多く、結果的には失敗に終わることもある。しかし、取締役がその経験や見識に基づき適正な判断をしたにもかかわらず、結果的に失敗に終わったからといって、常に任務懈怠に基づく損害賠償責任を負わされることになれば、取締役は萎縮してリスク回避的な判断しかできないことになる。そこで裁判所は、取締役の経営判断に広い裁量を認めることとして、上記のような要件が備わった合理的な判断については、結果として失敗に終わっても、任務懈怠に基づく損害賠償責任を負わせないため、経営判断の原則を採用してきたのである。

　本件において、裁判所は、アパマンショップマンスリーの完全子会社化はアパマンショップホールディングスの事業再編計画の一環として行われるものであったが、事業再編計画の策定は、完全子会社とすることのメリットを含

め、将来予測にわたる経営上の専門的判断に委ねられているとして、事業再編計画の策定にも経営判断の原則が適用されるとした。

そのうえで、アパマンショップホールディングスでは、グループ企業各社の全般的な経営方針等を協議する機関である経営会議においてアパマンショップマンスリーの株式の取得価格を検討し、弁護士の意見も聴取するなどの手続をとっていることから、その判断過程において不合理な点はみられないと判断された。

また、①任意の合意に基づいて株式を買い取ることは円滑に株式取得を進める方法として合理性があること、②アパマンショップマンスリーは設立から5年しか経過していないこと、③アパマンショップマンスリーの株主にはフランチャイズ加盟店等が含まれており、友好関係を維持することが今後の事業遂行のために有益であること、④非上場株式の評価額には相当の幅があること、⑤事業再編の効果によるアパマンショップマンスリーの企業価値の増加も期待できることなどから、取得価格を1株あたり5万円と決定したことは著しく不合理とはいえないと判断された。

その結果、判断過程の適切性と判断内容の合理性が認められることから、経営判断の原則に基づき、アパマンショップホールディングスの取締役に任務懈怠はないと判断された。

c 判断のポイント

　取締役の業務執行に関する任務懈怠の問題については、判例上、経営判断の原則による判断がなされており、取締役の判断には広い裁量が認められている。よって、適切な判断過程を踏み、かつ、その判断内容が著しく不合理なものでない限り、取締役は、その業務執行に関する判断に関して、任務懈怠責任を負うことはないといえる。

(3) 経営難に陥った子会社の救済についても、取締役に裁量は認められるか

a　福岡魚市場株主代表訴訟事件の事例

> 　福岡魚市場の完全子会社であるフクショクは、2000年頃から、グルグル回し取引と呼ばれる取引を始めた。このグルグル回し取引とは、フクショクが別の会社に一定期間商品を預け、預け期間満了時までに売却できなければ、期間満了時に買い取る旨の約束をして、一定期間商品を買い取ってもらい、その後、期間満了時に売却できなかった商品を買い取るということを繰り返す取引であった。このような取引を繰り返すと手数料等が付加されるため、商品の帳簿価格は上が

るが、商品自体の品質は劣化し、時価が簿価を下回るため、結果としてフクショクには含み損をもたらすことになる。

　2003年12月頃に、フクショクの在庫に問題がある旨の報告を受けた福岡魚市場の代表取締役は、調査委員会を立ち上げ、フクショク担当者の聴き取り調査を行うとともに、フクショクから報告書を提出させたが、それ以上踏み込んだ調査はしなかった。

　その後、経営が悪化したフクショクは、2004年4月30日付再建計画書を作成して、福岡魚市場に資金援助の申入れを行った。福岡魚市場がこの再建計画書に基づいてフクショクに対して融資を行うことは、取締役の善管注意義務違反となるか。

　また、福岡魚市場が融資を行った後で、貸付金の債権放棄を求められた場合、これに応じることは、取締役の善管注意義務違反となるか。

b　取締役には一定の裁量が認められるが、十分な調査等を行わないと任務懈怠となる

　本件で裁判所は、子会社を救済するために子会社に対して融資を行うことについても経営判断の原則の適用があることは認めたが、福岡魚市場がフクショクに融資を行った

ことについては、福岡魚市場の取締役に善管注意義務違反があると判断し、債権放棄により回収不能となった額についての損害賠償責任を認めた。

本件で、フクショクへの融資について裁判所が善管注意義務違反を認定した大きな理由の1つは、フクショクの在庫問題に関して、調査委員会による調査報告書が作成されているものの、調査委員会は、担当者に対する聴き取りを行った程度で、契約書や帳簿等の確認および検品等をしておらず、不良在庫の原因を解明するには不十分なものであったという点にあった。

他方で、債権放棄については別の判断がなされた。すなわち、当該融資後にフクショクの再建計画が頓挫し、福岡魚市場の貸付金の回収も極めて困難となった状況において、フクショクを倒産させるよりも、債権放棄によりフクショクの再建を図るほうが、フクショクの親会社である福岡魚市場の信用の維持につながると判断し、債権放棄をしたことについては、判断の前提となった事実に関する認識には誤りがなく、また、回収が期待できない債権に固執するよりも、これを放棄してフクショクの再建を期待するという判断は不合理とはいえないとして、経営判断の原則を適用して、福岡魚市場の取締役の善管注意義務違反は否定された。

c 判断のポイント

　経営判断に関する事項であっても、その判断の前提となる事実について、十分な事実の調査、情報の収集と分析を怠れば、経営判断の原則による取締役の裁量は認められないことになり、取締役は、善管注意義務違反として任務懈怠責任を負うことになる。

　本件のように、親会社が子会社救済のための融資を決定するような場面では、貸付金が回収不能になるリスクと、子会社が破綻することにより親会社の信用が毀損することになるリスクとが問題になり、親会社の取締役は難しい判断を迫られることになる。このような判断を行うにあたっては、子会社の再建可能性の検討だけでなく、経営破綻に瀕することになった原因の調査が不可欠であり、緊急性がないにもかかわらず、そういった検討や調査を怠った場合は、経営判断の原則が適用されないことになる。よって、このような判断を行う場合には、判断の前提となる事実の調査、情報の収集と分析をより慎重に行うことが重要となる。

⑷ 一部の役員が違法行為に関与していた場合に、他の役員も責任を負うのか

a ノヴァの役員に対する第三者からの損害賠償請求事件の事例

　「駅前留学」等と称する外国語会話学校の経営等を行っていたノヴァは、1999年の特定商品取引法の改正により、語学教室も同法の特定継続的役務提供取引に該当することとなったにもかかわらず、中途解約時の受講者への解約金の支払について特定商品取引法に沿った規定を設けていなかった。

　ノヴァは、2002年12月に東京都消費生活部の調査を受け、特定商品取引法違反行為等の指摘に基づく改善指導を受け、業務改善計画書を提出し、今後の法令遵守を約束した。しかし、その後も全国消費生活情報ネットワーク・システムに寄せられる苦情相談件数は増加し、2007年2月には経済産業省および東京都の立入検査を受け、同年6月には業務停止命令を受けるに至った。また、2007年4月には、最高裁判所において、ノヴァが定める解約清算金の算定規定は特定商品取引法に違反し、無効である旨の判断が下された。ノヴァ

> が業務停止処分を受けた後は、新規契約ができないばかりか、受講契約の解約申込みが殺到する事態となり、2007年10月、ノヴァは会社更生手続開始の申立てを行うに至った。
>
> 　東京都の指導を受けても改善策を講じず、それどころかマニュアルや通達、指導により違法行為を指示して全社的に行わせていた代表取締役には法令違反による任務懈怠が認められるとしても、そのような行為に関与していなかった他の取締役や監査役にも任務懈怠による損害賠償責任が認められるか。

b　取締役は他の取締役の職務執行について監視義務を負う

　取締役会は、取締役の職務の執行を監督する権限を有しているため、取締役会の構成員である各取締役は、会社の業務および財産の状況を把握し、会社の業務執行が適切かつ妥当に行われるように取締役の職務執行を監視する義務を負う。この監視義務については、取締役会に上程された事項だけでなく、それ以外の会社の業務執行一般に及ぶとするのが判例である。そして、会社法では、他の取締役の任務懈怠や不正行為が明らかになった場合、取締役は、監査役に報告するとともに、必要であれば取締役会を自ら招

図表1−3　ノヴァの役員に対する第三者からの損害賠償請求事件時系列

1999年	特定商品取引法改正により、同法の規制対象になるが、中途解約時の受講者への解約金の支払について、特定商品取引法に沿った規定を設けず
2002年12月	東京都消費生活部の調査を受け、特定商品取引法違反行為等の指摘に基づく改善指導を受け、業務改善計画書を提出
	その後も、全国消費生活情報ネットワーク・システムに寄せられる苦情相談件数は増加
2007年2月	経産省および東京都の立入検査を受ける
2007年4月	最高裁判所において、ノヴァが定める解約清算金の算定規定は特定商品取引法に違反し、無効である旨の判断が下される
2007年6月	業務停止命令を受ける
2007年10月	会社更生手続開始の申立て
2009年6月	ノヴァの元受講者がノヴァの元役員に対して、損害賠償請求訴訟を提起
2012年6月	大阪地方裁判所は、ノヴァの元受講者の請求をいずれも棄却する判決を下す
2014年2月	大阪高等裁判所は、ノヴァの元取締役の損害賠償責任を認める判決を下す

集し、あるいは招集することを求め、取締役会を通じて業務執行が適正に行われるようにしなければならないとされている。

では、取締役会に上程されていない事項について、取締役は、業務執行取締役の行為を、どの程度注意して監視をしなければならず、どのような場合に損害賠償責任を負うのか。

 この点については、裁判例において、取締役は、違法ないし不適正な業務執行を知り、または、知りうる場合はともかく、常に積極的に個別具体的な業務執行を監視する義務を負うわけではないとされる。つまり、取締役会に上程されていない事項について、取締役が**監視義務**違反を問われるのは、原則として、当該取締役が業務執行取締役や従業員の違法ないし不適正な業務執行を知っていたか、または、知り得た場合に限られることになる。

 本件では、解約金清算方法の採用・維持、その他の特定商品取引法への対応が取締役会に上程されたことはなく、また、代表取締役以外の取締役は、特定商品取引法に違反しているという事実を知っていたわけでもなかったため、特定商品取引法違反の事実を知り得たかが問題となった。裁判所は、特定商品取引法等の法令遵守は外国語会話学校の事業を営むうえで重要な事項であること、代表取締役以外の取締役は、ノヴァの幹部従業員として運営に従事し、日頃の業務を通じて、新規受講者の勧誘や契約締結の実情、受講者とのトラブルの発生などから、特定商品取引法違反行為や法令遵守体制の問題点に関する事実を認識し得

たと判断した。そして、代表取締役以外の取締役は、このような法令違反や法令遵守体制に関する問題を認識し得たにもかかわらず、これを放置し、なんらの是正措置もとらなかったことから、監視義務違反があるとされた。

このように、特定商品取引法に違反しているという事実そのものを認識していなくても、会社の事業形態、日々の業務やトラブルの発生などから、そういった問題がありうることに気づける状況にあれば、これを放置することで、取締役は監視義務違反として任務懈怠責任を問われることになる。

c 監査役も監視義務を負う

業務監査権限を有する監査役も、取締役の職務執行を監視する義務を負う。しかし、監査役の監査の範囲は、取締役の職務執行が適法であるかを監査すること（適法性監査）に限定され、経営効率の観点から取締役の職務執行が妥当であるか（妥当性監査）については監査役の監査の範囲外であるとされる。そのため、**監査役の監視義務**の範囲も適法性監査の点に限定される。監査役が、取締役が違法ないし不正な行為をし、または当該行為をするおそれがあると認めたときは、取締役会に報告し、あるいは報告のための取締役会の招集を請求し、または自ら取締役会を招集し、取締役会を通じて業務執行が適正に行われるようにし

なければならない。

　本件では、取締役の監視義務と同様、監査役の監視義務の違反も問題とされたが、裁判所は、監査役の監視義務違反は認められないとした。その理由は、監査役はノヴァの営業活動が特定商品取引法に違反するかたちで行われ、受講者との間でトラブルが発生していること等を知り得たと認めることができないというものであった。

　この事例では、取締役と監査役とで監視義務違反の有無についての結論が分かれたが、その理由は、監査役が特定商品取引法に違反する行為が行われている事実を認識することができなかったという点にある。監査役であっても、日々の業務のなかで、会社が法令に違反して業務を遂行していることを知り得たのであれば、取締役と同様に責任を負うことになっていたであろう。したがって、取締役に限らず、監査役であっても、会社の業務執行が法令に違反し、あるいは不適正な業務執行がなされているおそれがあると考えた場合には、遅滞なく取締役会に報告し、取締役会を通じて業務執行が適正に行われるようにしなければならない。

d　判断のポイント

　役員等は、自分自身は違法行為には関与していなくても、他の取締役等が違法行為に関与していた場合には、監

視義務違反として任務懈怠による損害賠償責任を負う場合がある。そのため、他の取締役等の違法ないし不適正な業務執行を知り、または、そのような事実がありうると考えられる場合には、遅滞なく、取締役は監査役（会）に報告し、また、監査役は取締役会に報告し、必要であれば、取締役会を招集し、取締役会を通じて是正措置を講じることが重要となる。

(5) 従業員が違法行為に関与していた場合に、役員は責任を負うのか

a 大和銀行株主代表訴訟事件の事例

> 大和銀行ニューヨーク支店の行員が1984年から1995年までの間、財務省証券の無断取引を行って約11億ドルの損失を出し、当該損失を隠蔽するために同支店が保管していた財務省証券を無断売却して、大和銀行に約11億ドルの損害を与えた。
>
> また、大和銀行は、これに関して、米国に対する虚偽報告を行ったことや届出を行わなかったことが原因で刑事訴追を受け、罰金3億4000万ドルを支払うことになった。
>
> 大和銀行の代表取締役、取締役ニューヨーク支店

長、他の業務担当取締役は、それぞれどのような責任を負うか。

b 違法行為を知り得なくても、内部統制システム構築義務違反として責任を負う場合がある

本件は、2000年9月に大阪地方裁判所による判決が下された大和銀行株主代表訴訟事件の事例である。この事例で、裁判所は、合計11名の役員に対して、7億7500万ドルから7000万ドルの損害賠償責任という巨額の賠償金の支払いを命じ、当時、企業の経営者に大きな衝撃を与えた。

また、この事件は、裁判所が初めて「内部統制」という言葉を用いて、取締役の善管注意義務の一環として内部統制システム構築義務という義務を認めたものであった。

では、内部統制システム構築義務とは、どのような義務か。

内部統制システム構築義務とは、取締役会決議により、取締役の職務遂行が法令定款に適合することを確保するための体制その他会社の業務の適正を確保するために必要な体制（内部統制システム）を構築しなければならないという義務であり、簡単にいえば、取締役や従業員が違法または不正な行為を行うことを未然に防止する仕組みや、違法または不正な行為が行われた場合はそれをすみやかに発見

し、損失の発生および拡大を最小限に防止するためのさまざまな仕組みを組み合わせた体制を構築しなければならないという義務である。そして、現在では、会社法において、大会社である取締役会設置会社の取締役会には、内部統制システムの構築が義務づけられている。

どのような内部統制システムを構築するかについては、その時点における会社の状況やコスト等に配慮して、その時点における合理的な内部統制システムを構築すればよく、取締役に広い裁量が認められると考えられている。

また、合理的な内部統制システムが構築され、それが有効に機能しているときは、取締役は、特に疑わしい状況がない限り、内部統制システムから取締役会に提供される情報を信頼することができるというのが裁判例の考え方である。

他方、内部統制システムが整備されていても、内部統制システムの運用において、違法行為を防止すべき管理を怠っていたような場合には、損害賠償責任を負うことになる。

本件に関する大阪地裁判決では、このような内部統制システム構築義務に関して、取締役には、会社が営む事業の規模、特性等に応じたリスク管理体制と従業員が職務を遂行する際に違法な行為に及ぶことを未然に防止するための法令遵守体制を確立すべき義務があったとした。そして、

大和銀行ニューヨーク支店では、リスク管理体制は整備されていたが、そのリスク管理体制は従業員の不正行為と法令違反を監視するには著しく適切さを欠いており、機能していなかったから、ニューヨーク支店の店内検査および監査を指揮していた取締役は、財務省証券の保管残高の確認を不適切な方法で行い、また、適切な方法に改めなかったことについて任務懈怠責任を負うと判断された。

これに対して、代表取締役の責任については、巨大な組織を有する大規模な企業においては、代表取締役が個々の業務についてつぶさに監督することは、効率的かつ合理的な経営という観点から適当ではなく、各業務担当取締役にその担当業務の遂行を委ねることができ、当該業務遂行の内容について疑念を差し挟むべき特段の事情がない限り、監督義務懈怠の責任を負うことはないとされ、財務省証券の保管残高の確認方法が不適切であったことに関しては責任を負わないとされた（ただし、米国当局に対する虚偽報告等については、代表取締役の責任が肯定されている）。

また、ニューヨーク支店の財務省証券の保管残高の検査業務を担当しておらず、指揮系統外にある取締役については、リスク管理体制の構築について監視義務を負うとしながらも、本件では一応のリスク管理体制が整備されていた等として監視義務違反による任務懈怠責任は否定されている。

c 判断のポイント

　従業員が違法行為を行っていた場合に、役員等が従業員の違法行為を知り得なかったとしても、役員等は、そのような従業員の違法行為を未然に防止し、あるいはすみやかに発見するための内部統制システム構築義務に違反したとして任務懈怠責任を問われることがありうる。

　しかし、合理的な内部統制システムが構築され、それが有効に機能しているときは、取締役は、特に疑わしい状況がない限り、内部統制システムから取締役会に提供される情報を信頼することができるとされている。そのため、役員等にとっては、その時点におけるその会社の状況に応じた合理的な内部統制システムを構築することと、それが有効に機能していることを定期的に確認・検証することが重要となる。

4 役員の責任を免除・制限する会社法上の仕組み

(1) 役員の責任を免除・制限する仕組みは4つ

　前述のとおり、役員等がその職務を行うにつき任務懈怠があった結果、会社に損害を与えた場合には、役員等は会社に対して損害賠償責任を負うことになるが、会社法においては、役員等の責任を免除・制限する仕組みが設けられている。

　役員等の責任を免除・制限する仕組みとして、2001（平13）年12月商法改正以前は、総株主の同意による全部免除のみが認められていたが、2000年9月20日に、前述の大和銀行株主代表訴訟事件の第一審判決が出され、取締役個人に巨額の賠償金（最高で1人7億7500万ドル）が課されたことから、会社の経営者が軽微な過失により巨額の損害賠償責任を負担することをおそれ、会社経営者に萎縮効果が生じることが懸念された。そこで、このような萎縮効果を防止するため、2001（平13）年12月商法改正によって、①総株主の同意による全部免除に加えて、②株主総会の特別決議による一部免除、③定款の定めに基づく取締役会決議による一部免除、④**責任限定契約**による責任の制限という仕

組みが新たに設けられた。

このうち、実務上は、株主総会または取締役会決議による事後的な責任免除が行われることはほぼ皆無であり、ほとんどの場合で責任限定契約が用いられている。

(2) 責任の全部免除には総株主の同意が必要

上記の4つの仕組みのうち、役員等の会社に対する責任を全部免除する方法は、総株主の同意を得る方法のみである。それ以外の方法では、会社法所定の算定方法によって求められる「**責任限度額**」を超える額を免除することはできるが、責任限度額内の損害賠償責任については免除されない。

また、取締役が利益相反取引のうち直接取引を行った場合、会社との間で直接取引を行った取締役の損害賠償責任については、総株主の同意以外の方法では免除することができないとされている。

(3) 責任の一部免除には職務執行についての善意・無重過失が必要

株主総会の特別決議または定款の定めに基づく取締役会決議による損害賠償額の一部免除、責任限定契約による責任の一部免除・制限をするには、役員が職務執行を行うにつき、善意・無重過失であったことが必要とされる。

悪意または重過失の場合に責任の一部免除が認められないのは、悪意または重過失の場合にまで責任の一部免除を認めなくとも、役員等による経営判断が萎縮するおそれはないからである。

(4) 責任限定契約を締結できるのは業務執行取締役等以外の役員に限られる

会社との間で責任限定契約を締結すれば、役員等は、会社に対して負うことになる損害賠償責任の限度額をあらかじめ定めることができる。もっとも、責任限定契約による責任の一部免除・制限を行うためには、定款で責任限定契約を締結できる旨の定めを設ける必要があり、また、責任限定契約を締結できるのは、会社法において、業務執行取締役等以外の役員に限定されている。

この責任限定契約の制度は、もともと社外取締役の人材確保の目的から導入された制度であり、事前に役員が負う責任の限度額を確定することで、社外取締役の成り手を増やそうとしたものであった。そのため、当初は、社外取締役のみが責任限定契約を締結できることになっていたが、2006（平18）年の会社法施行時に、責任限定契約を締結できる対象者が、社外監査役、会計参与、会計監査人にも拡張され、さらには、2014（平26）年会社法改正により、業務執行取締役等以外の役員も責任限定契約を締結できるよ

うになった(社外監査役ではない監査役や、業務執行取締役でない取締役も責任限定契約を締結できるようになった)。

5 役員が支払った損害賠償額や争訟費用の会社補償

 以上のように、役員等の会社に対する責任については、会社法の責任の免除・制限に関する仕組みを用いることで、全部を免除したり、一部を免除・制限したりすることが可能である。

 しかし、役員等が第三者に対して損害賠償責任を負うことになった場合、第三者に対して支払うことになった損害賠償額を会社が役員等に対して補償することができるかについて、会社法は規定を置いていない。また、役員等が株主代表訴訟で会社に対する責任を追及された場合や、訴訟で第三者に対する責任を追及された場合に、その防御のために要した弁護士費用を会社が負担することができるかについても、会社法は規定を置いていない。さらには、会社の業務遂行の結果、役員が罰金等を科された場合に、役員等が支払った罰金の額を会社が補償することができるかという問題もある。

 この点に関しては、まず民法650条3項が「受任者は、委任事務を処理するため自己に過失なく損害を受けたときは、委任者に対し、その賠償を請求することができる」と規定していることから、役員に過失がないにもかかわら

ず、役員等に対して株主代表訴訟が提起されたり、第三者から損害賠償請求訴訟が提起された場合、役員等が負担することになった弁護士費用等の**争訟費用**（民事上、行政上または刑事上の手続において当事者等となったことにより負担する費用）は、委任者である会社が役員等に対して補償しなければならないと解されている。この場合の会社による補償は、会社の義務の履行であるから、別途、報酬支払いとして株主総会決議による承認を得たり、利益相反取引として取締役会による決議を経たりする必要はないと解されている。

これに対して、役員等に過失があった場合はどうか。

この点については、2015年7月24日に「**コーポレート・ガバナンス・システムの在り方に関する研究会**」が公表した「コーポレート・ガバナンスの実践〜企業価値向上に向けたインセンティブと改革〜」において、一定の要件のもとで、役員等が第三者に対して負う損害賠償額や役員が負担した争訟費用を会社が補償することができるという解釈が示された。

具体的には、(1)事前に会社と役員等との間で補償契約を締結し、その内容に従って補償するものであり、(2)補償契約の締結にあたり、①利益相反の観点から取締役会決議がなされ、かつ、②利益相反の監督およびインセンティブづけによる監督の観点から、社外取締役が過半数の構成員で

ある任意の委員会の同意を得ているか、社外取締役全員の同意を得ている場合で、(3)職務を行うについて悪意または重過失がないことを補償の要件とするものであれば、(4)第三者に対する損害賠償金や争訟費用を会社が補償することができるとされている。なお、この場合に認められる補償は、職務執行のための費用の支払いであるから、「報酬等」として株主総会の決議を経る必要はないと解されている。

このような解釈が示されて間もないため、現在はまだ役員が事前に補償契約を締結している事例は多くないが、今

図表1-4 会社補償の要件

役員の主観	補償の可否	補償の要件
無過失	会社が補償する義務を負う	—
過失	右の要件を満たせば会社が補償する	(1) 事前に会社と役員との間で補償契約を締結し、その内容に従って補償するものであること (2) 補償契約の締結にあたり、 ①取締役会決議がなされ、かつ、 ②社外取締役が過半数の構成員である任意の委員会の同意、または、社外取締役全員の同意を得ていること
悪意または重過失	会社は補償しない	—

後は、役員就任時に補償契約を締結する事例が増加していくことになると思われる。

> **コラム** コーポレート・ガバナンス・システムの在り方に関する研究会
>
> 「コーポレート・ガバナンス・システムの在り方に関する研究会」とは、東京大学の神田秀樹教授を座長として経済産業省に設置された研究会である。同研究会は、2012年3月に第1回研究会を開催し、当初は、社外役員を含む非業務執行役員に期待される役割について整理を行うとともに、広く企業システムのあるべきかたちについて検討を行っていた。
>
> その後、2014年6月に閣議決定された「『日本再興戦略』改訂2014—未来への挑戦—」においてもコーポレートガバナンスを強化して持続的な企業価値向上につながることが重要であるとされた。これを受けて、2014年12月以降の同研究会では、企業価値向上の観点から、違法行為や不祥事を防止するための「守り」のガバナンス体制だけでなく、適切なリスクテイクを後押しし、経営者が果断な意思決定を行うことができるようにするための「攻め」のガバナンスの体制強化に向けての検討が行われることとされた。
>
> 同研究会が「攻め」のガバナンス体制の強化に向けて検討を行った項目は以下のとおりである。

① 取締役会の役割

② 適切な役員報酬のあり方

③ 保険等による適切な責任軽減

④ 社外取締役の役割と責任の明確化

⑤ 社外取締役を構成員とする委員会の活用

⑥ 社外取締役の選任をふまえた監査役のあり方

そして、同委員会は、2015年7月24日までに検討結果の取りまとめを行い、同日、「コーポレート・ガバナンスの実践〜企業価値向上に向けたインセンティブと改革〜」(2016年3月18日に一部差替え)を公表した。当該報告書では、中長期的な企業価値を向上させるために必要となるコーポレートガバナンスに関する考え方を示したうえで、それを実践するための具体的な施策として、以下のようなものを紹介している。

① 取締役会が監督機能を発揮するための具体例

② インセンティブ報酬の設計に関する具体例

③ D&O保険の実務的な検討の視点

④ 取締役会の実効的な監督、社外取締役の役割・機能の活用および中長期的な企業価値向上のためのインセンティブ創出の観点からの会社法の法的解釈の整理

先に述べた、役員が第三者に対して負う損害賠償額や役員が負担した争訟費用の会社補償については、④の会社法の法的解釈の整理のなかで述べられているものである。

同報告書では、このほかにもD&O保険の保険料全額を会社

が負担することが可能であるという法的解釈や、D&O保険の保険料全額を会社が負担する場合の手続等についても述べられており、役員にとっても一見の価値がある報告書となっている。

第 2 章

株主代表訴訟とは
どのようなものか

1 株主代表訴訟はどのような場合に提起されるか

(1) 株主が会社にかわって役員の責任追及をするのが株主代表訴訟

「**株主代表訴訟**」とはどのようなものか。会社が取締役の責任を追及する訴えを提起する場合、会社法で定められた一定の役員（**監査役設置会社**の場合は監査役）が会社を代表して取締役を訴えることになっている。しかし、役員間のなれ合いや、当該取締役と監査役との個人的な関係などのために、会社が取締役の責任を追及しないことがありうる。そこで、会社の利益回復ひいては株主の利益確保のため、株主が会社のために取締役の責任を追及する訴えを起こすことが認められている。これが株主代表訴訟である。つまり、会社が取締役の責任を追及しない場合に、株主自身が原告となって、会社を代表して取締役を訴える、というものである。

そのため、株主代表訴訟の制度では、まずは株主が会社に対して取締役を訴えることを請求し、会社に対して取締役を提訴するか否かを判断する機会を与えたうえで、それにもかかわらず会社が取締役を提訴しなかった場合に、初

めて会社にかわって取締役を訴えることができる。

　また、株主代表訴訟では、株主が原告、取締役が被告になるが、裁判所に対して求める判決の内容は「被告は、○○株式会社に対し、XX円を支払え」といったかたちになり、原告である株主には直接の利益はもたらされない。つまり、株主代表訴訟は、取締役の行為によって会社が被った損害について、株主が会社を代表して取締役を提訴するものなので、株主が勝訴したとしても賠償金は会社に対して支払われる。個々の株主が直接お金をもらうのではない。

　株主代表訴訟においては、会社は原告にも被告にもならないが、判決が出た場合は、株主の勝訴敗訴にかかわらず、会社にもその効力が及ぶことになる。また、株主代表訴訟に参加しなかった他の株主にもその効力が及ぶとされている。

　なお、会社法その他の法令の条文には、「株主代表訴訟」や「代表訴訟」といった言葉はなく、これらの用語は俗称であるが、説明の便宜上、以下でもこれらの用語を用いることにする。

(2) 株主代表訴訟の一般的な手続の流れ

　株主代表訴訟の手続の詳細については、本章4以下で詳しく述べるが、概要は次のとおりである。

① 6カ月以上株式を所有する株主が、会社に対して取締役の責任を追及する訴えの提起を請求する(**提訴請求**)。
② 提訴請求を受領した会社が、取締役を提訴するか否かを判断する。
③ 提訴請求から60日以内に会社が取締役を提訴しない場合、提訴請求を行った株主が株主代表訴訟を提起することができる。
④ 株主代表訴訟を提起した株主は、遅滞なく会社に対し**訴訟告知**を行う。

図表2-1　株主代表訴訟手続の流れ

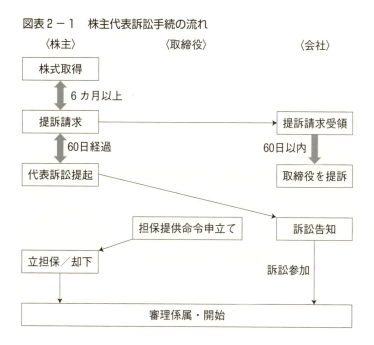

⑤ 株主に提訴された取締役は、提訴が悪意（この意味については後述）によるものであることを疎明（この意味については後述）できる場合は、裁判所に**担保提供命令**を申し立てることができる。

⑥ 裁判所が担保提供命令の申立てを却下するか、または、発令された担保提供命令に対して原告株主が担保を立てた場合、株主代表訴訟の審理が開始する。

⑦ 訴訟告知を受けた会社は、株主代表訴訟に訴訟参加することができる。

以上の流れを図示すれば、おおよそ図表2－1のとおりとなる。

2 実際にどのような株主代表訴訟が起きているか

(1) 米国型を参考にして導入された訴訟制度

　株主代表訴訟がわが国に導入されたのは1950（昭和25）年商法改正による。それまでは、会社が取締役を不当にかばう場合の措置として、少数株主が会社に対して取締役への提訴を請求する権利しか認められていなかった。同改正では、株主の地位強化の一環として、株主が1株でも持っていれば会社のために取締役の責任を追及することができる制度として、米国型を参考にした株主代表訴訟制度が導入された。

　この制度には経済界からの反発が強かったため、翌1951（昭和26）年商法改正では、被告となった経営陣が原告**株主の悪意**を疎明すれば、裁判所は原告に対して担保の提供を命じることができるとされた。担保提供命令が確定した場合、原告株主が命ぜられた期間内にその担保を提供しなければ、株主代表訴訟は判決により却下されることとなった。

(2) 株主代表訴訟は時代とともに変わってきた

　株主代表訴訟が会社、特に上場会社においていかに機能するかについては、弁護士報酬をだれが負担するか、またその金額水準に大きく影響される。米国では、会社が得た賠償金の約25％が原告側弁護士の報酬となるため、弁護士にとって経済的魅力が大きい。他方わが国では、勝訴原告の弁護士報酬を会社が負担する点では米国と共通するが、その報酬額について米国のような魅力的な算定基準はない。そのため、わが国の株主代表訴訟は、市民運動的性格の訴訟が多いとされている。

　1993（平成5）年商法改正では、相次ぐ**企業不祥事**を受け、株主代表訴訟を提起しやすくするため、株主代表訴訟を提起する際に裁判所に納める費用が一律8200円となり（2003（平成15）年以降は1万3000円）、勝訴株主は、訴訟費用と弁護士報酬以外の訴訟に必要な費用を会社に対して請求できることとなった。

　この改正によって、株主代表訴訟の件数は大幅に増えたとされている。依然として市民運動的なものが中心的であったが、会社経営の健全化に寄与する訴訟も増えたようである。特に、2000（平成12）年の大阪地裁判決で、大和銀行の米国における法令違反によって生じた損害に基づき、**取締役の善管注意義務違反**を理由として被告11名に対して

総額7億7500万ドル（当時のレートで約830億円）という巨額の支払いを命じたケース（**大和銀行株主代表訴訟事件**）は、大きな意味があった（詳細は第1章3(5)参照）。この判決により、株主代表訴訟制度は、取締役の違法行為によって被った会社の損害を株主の手で回復するという機能に加えて、取締役が違法行為をした場合はこのような巨額の賠償命令を受けることもあるという現実をみせつけることによって、取締役の違法行為を抑止する機能があることが示された。他方、この判決に危機感を募らせた経済界は、再び株主代表訴訟制度を制限する動きをみせた。

(3) 大和銀行株主代表訴訟をきっかけに改正された制度

大和銀行株主代表訴訟事件判決を受けて、**コーポレートガバナンス**（企業統治）、**コンプライアンス**（法令遵守）という言葉が市民権を得た一方で、取締役の責任を軽減する商法改正が進められた。2001（平成13）年商法改正では、それまでの総株主の同意による責任免除制度に加えて、責任限定契約制度等が創設された（詳細は第1章4参照）。

2005（平成17）年に成立した会社法では、株主代表訴訟に関連する規定が整理された。旧商法では、株主代表訴訟の規定は取締役の責任追及について定めつつ、その他の役員等の責任追及はそれを準用するかたちであったが、会社

法ではこうした規定を一本化するなどの整備がなされた（「株式会社における責任追及等の訴え」の節の制定）。実質的な改正としては、濫用的代表訴訟の制限規定、不提訴理由通知制度が新設された（いずれも後述）。

また、会社法では、訴えを提起した株主が、株式移転や株式交換で親会社の株主となった場合や、合併で別会社の株主となった場合には、例外的に**原告適格**を失わず、訴訟追行ができることになった。旧商法においては、株主代表訴訟の係属中に、会社が株式移転や株式交換により持株会社制に移行したような場合、従来の株主は自動的に親会社である持株会社の株主となり、従前の会社の株主としての資格を失うことを理由に、裁判所は一貫して、原告適格を否定し、訴えを却下してきた。会社法はこの問題を立法的に解決したのである（さらに、2014（平成26）年会社法改正においては、株主代表訴訟が提起される前に株式交換等が行われた場合でも、株式交換等の前に原因が生じた責任に関する株主代表訴訟については、株式交換等の前の会社の株主に原告適格を認めるという原告適格の拡張がなされた）。

なお、同一企業グループ内において、株主である親会社が子会社の取締役の責任追及を怠る可能性があることへの懸念から、2014（平成26）年会社法改正において、親会社の株主が子会社のために訴えを提起する制度（いわゆる**多重代表訴訟**）が導入された。そのため、上場会社の子会社

の取締役であっても、場合によっては株主代表訴訟を提起されるリスクを負うことになった。この制度については、本章6で説明する。

3 不祥事の発覚から株主代表訴訟の提起まで

(1) 企業不祥事と株主代表訴訟の関係とは

　株主代表訴訟は、株主が会社にかわって取締役の会社に対する責任を追及するための制度である。株主が株主代表訴訟を提起するためには、まずは会社に対して提訴請求を行う必要があるが、後で説明するように、提訴請求を行う書面等には、被告となるべき役員等の氏名や、取締役に対する請求を特定するのに必要な事実（取締役の行為の内容や、それによって会社に生じた損害の内容）を記載しなければならない。言い換えれば、株主としては、会社で不祥事が発生した場合に、どの取締役がどのような行為を行った結果として、いかなる損害を会社にもたらしたのかを知らなければならない。

　株式会社では所有と経営が分離しているので、株主自身が経営に関与していない限り、会社で発生した不祥事について株主自身で調査するには限界がある。そのため、株主がこうした不祥事の詳細を知る手だてとしては、会社において不祥事の詳細を把握し、これを公表してもらうのが最も有効である。

図表2-2　企業不祥事の発覚から株主代表訴訟までの流れ

〈株主〉　　　　　　　〈会社〉

```
                    ┌─────────────────┐
                    │   不祥事を把握      │
                    └────────┬────────┘
                             ▼
                    ┌─────────────────────────┐
                    │ 社内調査・第三者委員会による調査 │
                    └────────┬────────────────┘
                             ▼
                    ┌─────────────────┐
                    │  調査報告書の公表   │
 ┌──────────┐       └─────────────────┘
 │ 会社に対する │
 │  提訴請求   │
 └─────┬────┘       ┌─────────────────┐
       └──────────▶│ 責任調査委員会による調査 │
                    └────────┬────────┘
                             ▼                    ┐
                    ┌─────────────────┐          │
                    │   調査報告書の提出  │          │60
                    └────────┬────────┘          │日
                             ▼                    │以
                    ┌───────┐  OR  ┌───────┐     │内
                    │不提訴の決定│      │訴訟提起│     │
                    └────┬──┘      └───────┘     ┘
 ┌──────────┐          ▼
 │ 株主代表訴訟 │◀──┌─────────┐
 │  の提起   │    │ 不提訴理由 │
 └──────────┘    │  の通知   │
                  └─────────┘
```

　したがって、株主代表訴訟制度が健全に機能するためには、会社自身が不祥事の中身をいかに把握するかが重要な鍵となってくる。

(2) 会社が企業不祥事を把握する方法とは

　企業不祥事に関する法令上の定義はないが、株主代表訴訟につながるような企業不祥事の類型としては、①財務不

祥事（粉飾決算、循環取引、横領・背任等）、②製品等不祥事（欠陥製品のリコール、製品データや賞味期限の偽装等）、③独占禁止法違反（談合、カルテル等）、④その他不祥事（情報漏洩、インサイダー取引規制違反、贈収賄等）などに大別される。

　企業不祥事が発覚する端緒としては、社内ルートと社外ルートに大別される。社内ルートとしては、会社法で構築が義務づけられている**内部統制システム**その他の社内制度を通じてなされる**内部通報**や**内部告発**などが考えられる。社外ルートとしては、社内から外部への情報リーク（対規制当局、対マスコミなど）、競合他社や取引先による調査・情報リーク、消費者によるクレーム、マスコミによる報道などが考えられる。

　一般論としては、①の財務不祥事は、内部告発または社内から外部への情報リークによる発覚が多いと考えられるのに対し、それ以外の②ないし④の類型については、競合他社や取引先による調査・情報リークや消費者のクレーム、さらにはこれらを通じたマスコミ報道などが端緒となる傾向が強いと考えられる。

　内部通報については、実務上は、社内のパワー・ハラスメントやセクシャル・ハラスメント、メンタルの不調、残業問題といった人事・労務関連の通報や、それ以外の個人的な不満や苦情の通報が多いようであり、自社の株主代表

訴訟につながるような企業不祥事の端緒としてはあまり有効に機能していないともいえる。他方、取引先の不正に関する通報も多いようである。

(3) 会社が企業不祥事を把握した後になすべき対応とは

a まずは迅速な事実確認・対応検討を行う

　企業不祥事が発覚した場合、会社としては、まずは迅速に事実を調査し、実態の解明に努めることになる。事実調査の方法としては、内部統制部門その他の社内機関に対して内部調査を実施させる方法、外部の独立した弁護士などで構成される**第三者委員会**に調査を委ねる方法などが考えられる。

　事実を確認したうえで、会社としての対応方針を検討・実施していくこととなるが、具体的な有事対応としては、①マスコミ・当局対応（記者会見、監督官庁への報告、行政調査対応等）、②株主・投資家対応（プレスリリース等による説明等）、③消費者・取引先対応（当該不祥事の周知、販売中止、誤認排除等）などが考えられる。会社としては、これらの対応を同時並行して検討・実施していく必要がある。有事対応を進めるうえで重要なポイントは、情報発信のタイミングを逸しないこと、不正確・未確認の情報を発

信しないこと、そして、会社の責任が明らかとなった場合はすみやかに非を認めて陳謝することの3点であると思われる。

b　株主からの提訴請求に備えた対応を検討する

　株主代表訴訟との関係では、発覚した不祥事において、取締役の関与によって会社になんらかの損害が生じることが想定される場合は、株主からの**提訴請求**を受けることを念頭に置いた対策を検討・実施する必要がある。会社が提訴請求を受けた場合は、その日から60日以内に、どの取締役に対して、どのような行為を理由に、いかなる損害について提訴すべきか、あるいは提訴すべきではないのかを判断しなければならない。提訴しない場合は、株主の請求によっては、**不提訴理由の通知**を行わなければならず、その通知書には、①会社が行った調査の内容、②被告となるべき者の責任の有無についての判断およびその理由、③被告となるべき者に責任があると判断した場合において、訴えを提起しないときはその理由を記載しなければならない。そのためには、会社としては、内部調査を行うとともに、ある一定のタイミングで、事実調査について専門性を有する外部機関（第三者委員会等）に調査を委嘱し、調査報告書を提出させることが望ましいと思われる。

c 第三者委員会に加えて責任調査委員会を設ける場合がある

　株主代表訴訟に至るような企業不祥事に際しては、近年では、第三者委員会に加えて、**責任調査委員会**と称する外部機関が設置されることもある。実際、2011年のオリンパス事件や2015年の東芝事件などの大型の粉飾決算事案において、関与したとされる役員の法的責任を調査するための委員会が設置された。

　なぜ、こうした別々の委員会が必要となるのか。

　第三者委員会の運用については、2010年に日本弁護士連合会が定めた「企業等不祥事における第三者委員会ガイドライン」(以下「**日弁連ガイドライン**」という)が存在し、実務上の指針とされている。日弁連ガイドラインでは、第三者委員会の定義として、「企業や組織(以下「企業等」という)において、犯罪行為、法令違反、社会的非難を招くような不正・不適切な行為等(以下「不祥事」という)が発生した場合および発生が疑われる場合において、企業等から独立した委員のみをもって構成され、徹底した調査を実施したうえで、専門家としての知見と経験に基づいて原因を分析し、必要に応じて具体的な再発防止策等を提言するタイプの委員会」と定めている。つまり、第三者委員会の目的は、「徹底した調査」「不祥事の原因分析」、そして

「具体的な再発防止策の提言」である。実際、公表されている多くの第三者委員会の調査報告書をみると、ほとんどの場合、調査により判明した事実とその評価、不祥事の原因、再発防止策（社内処分案も含む）の提言が記載されている。

　しかし、上記のような第三者委員会の調査報告の内容だけでは、提訴請求への対応としては必ずしも十分ではない。提訴請求を受けた会社は、60日以内に、どの取締役に対して、どのような行為を理由に、いかなる損害について提訴すべきか、あるいは提訴すべきではないのかを判断しなければならない。この点、日弁連ガイドラインに基づく第三者委員会の調査は、あくまでも不祥事の原因究明と再発防止策の提案に重点が置かれており、必ずしも個々の取締役の法的責任にまで踏み込んだ分析は求められていない。そのため、会社が提訴判断を行うためには、個々の取締役の法的責任の有無にまで踏み込んだ調査・分析を行う外部組織として、第三者委員会とは別の委員会が必要となる。これが責任調査委員会である。

　このような両委員会の性質の違いから、各々のメンバーとしては、第三者委員会は弁護士以外の委員（社外役員、公認会計士、学識経験者、ジャーナリストなど）も含まれることがあるが、責任調査委員会のメンバーは、もっぱら弁護士であることが多い（もっとも、後述するように、実際の

責任調査委員会の調査においては、補助者として公認会計士の協力を仰ぐことがほとんどである）。

　最近の実務の傾向としては、第三者委員会からの調査報告書が公表された後に、株主が同報告書の内容を参考にして会社に対して提訴請求を行い、これを受けて、会社（監査役等）が提訴判断するための諮問機関として、責任調査委員会を立ち上げ、個々の取締役の法的責任の分析を委嘱する例が多いようである。

(4) 第三者委員会による調査

　第三者委員会による調査は、日弁連ガイドラインの定めに従って進めることになる。ここでは日弁連ガイドラインの詳細は示さないが、実務上の調査の進め方について説明する。

a　委員・調査担当専門家の選任

　会社において第三者委員会の立ち上げを決定した場合、まず最初にやるべきことは、委員の人選である。会社と利害関係を有する者は、委員に就任することはできない。日弁連ガイドラインでは、「委員は原則３名以上」とされるが、多くの場合は、弁護士１名、公認会計士１名を基本として、あと１名を社外役員、弁護士、学識経験者などから選任するようである。

弁護士が選任されるのは、日弁連ガイドラインにおいて、調査担当弁護士による調査が求められているため、こうした弁護士を束ねる弁護士が委員として必要となるためである。そのため、調査担当弁護士は、委員となった弁護士が所属する法律事務所から選任されることが多い。日弁連ガイドラインでは明記されていないが、会社と利害関係を有する者は調査担当弁護士にも就任することができないというべきである。

　公認会計士が選任されるのは、企業不祥事には財務不祥事が多いことに加え、財務不祥事でない場合であっても、関与者が使用していたパーソナルコンピュータのデジタルデータの収集・修復・解析を行う「**デジタル・フォレンジック**」（詳しくは本章末のコラム参照）と呼ばれる技術を有しているのは、多くが監査法人であることなども、実際上の理由となっている。

b　調査対象の設定

　次に、会社からの委嘱対象を特定する必要がある。真実究明の観点からは、不祥事の調査はできる限り広範囲に行うべきであるが、第三者委員会が調査に費やすことができる時間は限られている（調査結果を公表するタイミングとしては、直近の決算発表前が考えられるが、多くの場合、長くて2カ月程度である）。そのため、具体的にどの事案を調査す

るのかを特定しなければならない。

c 証拠の収集・分析と関係者のヒアリング

日弁連ガイドラインによれば、第三者委員会がとるべき調査手法の例示として、①関係者に対するヒアリング、②書証の検証、③証拠保全、④統制環境等に関する社員アンケート、⑤自主申告を促進する処置、⑥第三者委員会専用のホットライン、⑦デジタル調査などがあげられている。このうち、最も時間を要するのは、証拠の収集と分析、すなわち、②書証の検証、③証拠保全、および⑦デジタル調査である。証拠の分析によって、ヒアリングを行うべき関係者を特定していき、限られた時間のなかでヒアリングを行うことになる。

第三者委員会が設置されたら、直ちに関与者のパーソナルコンピュータを確保し、デジタル・フォレンジックにかけることになる。デジタル・フォレンジックを通じて、使用者が削除したデジタルデータ（電子メール、ドキュメントファイルなど）の大半が回復されるが、経験則上、削除されたデータほど証拠価値が高いことが多い。

d 調査報告書の作成・提出

調査と並行して、委員を中心に当該不祥事の原因分析と具体的な再発防止策の検討を行うことになる。こうした調

査・検討の結果は、主に調査担当弁護士によって調査報告書のかたちでまとめられ、委員全員の確認・修正作業を経て、会社に提出される。

(5) 提訴請求とは何か

a 提訴請求が必要とされる趣旨
―― 会社に訴訟提起の判断の機会を付与

株主代表訴訟を提起しようとする株主は、まず、株式会社に対し書面等により取締役の責任を追及する訴えの提起を請求すること（提訴請求）が必要である。提訴請求を行った株主は、株式会社がその請求の日から60日以内に訴えを提起しないときに初めて株主代表訴訟を提起することができる。提訴請求の手続を経ないで提起された株主代表訴訟は、原則として不適法なものとして却下されると解される。

ただし、取締役の責任が消滅時効にかかる場合のように、60日の経過を待つことによって株式会社に回復することができない損害が生ずるおそれがある場合は、例外的に、提訴請求をしなくても直ちに株主代表訴訟を提起することができる。

株主代表訴訟で問題となるのは、取締役の会社に対する損害賠償責任であり、損害賠償請求権は会社が持ってい

る。株主代表訴訟に先立って提訴請求を求める趣旨は、まずは損害賠償請求権の権利主体である会社に対し、訴訟を提起するか否かの判断の機会を与えるものである。

b 提訴請求書には被告となるべき役員等の氏名や請求の趣旨などが記載される

提訴請求は書面等により行う必要があるが、実務上は、配達証明付き内容証明郵便でなされるのが通常である。この書面等には、①被告となるべき役員等の氏名、②請求の趣旨（判決として求める命令の内容）および請求を特定するのに必要な事実、③提訴請求の受領権限を有する名宛人の記載が必要である。これらの事項が書面等に記載されていない場合は、有効な提訴請求があったとはいえないと解される。

なお、上記②の「請求を特定するのに必要な事実」については、いかなる事実・事項について責任の追及が求められているかを会社が判断できる程度に特定されていれば足りるとされている。

c 提訴請求の宛先は監査役などとされる

取締役の責任を追及する株主代表訴訟における提訴請求の宛先は、監査役設置会社においては監査役、**監査等委員会設置会社**においては**監査等委員**（責任追及の対象者は除

く)、**指名委員会等設置会社**においては**監査委員**(責任追及の対象者は除く)、それ以外の場合には会社を代表すべき取締役である。

　株主が提訴請求の宛先を間違えた場合(監査役設置会社において代表取締役を宛先にしたようなケース)は、原則として、有効な提訴請求があったとは認められないため、その後に提訴された株主代表訴訟は不適法なものとして却下される。ただし、本来宛先となるはずの者が請求の内容を正確に認識したうえで訴訟を提起すべきか否かを自ら判断する機会があったときは、適法な提訴請求があったのと同視されるため、その後に提起された株主代表訴訟を不適法として却下することはできないとした裁判例もある。

d　会社が責任追及の訴えを提起しない場合、株主は不提訴理由の通知を請求できる

　会社は、提訴請求を受けた日から60日以内に取締役に対する責任追及の訴えを提起しない場合において、請求をした株主または取締役から請求を受けたときは、遅滞なく、責任追及の訴えを提起しない理由を、書面等により通知しなければならない(**不提訴理由の通知**)。これは、役員間のなれ合いにより提訴がされないといった事態を牽制するとともに、株主が代表訴訟を遂行するうえで必要な訴訟資料を収集することを容易にするため、会社法で設けられた制

度である。先に説明したように、不提訴理由の通知には、①会社が行った調査の内容、②被告となるべき者の責任の有無についての判断およびその理由、③被告となるべき者に責任があると判断した場合において、訴えを提起しないときはその理由が記載されていなければならない。

　実務上は、株主としては、今後の株主代表訴訟の証拠として活用することが期待できるなどの理由から、不提訴理由の通知を請求するのが通常である。他方、会社としては、不提訴理由の通知請求への対応ぶりが、将来の裁判所の心証形成に影響する可能性があるので、充実した調査を実施するインセンティブになっていると考えられる。

　この点、上場会社が提訴請求を受けた場合は、すでに紹介したように、第三者委員会等の外部機関に調査を委ねることが多い。そのような場合、会社の提訴判断は、外部機関の調査報告書に依拠することがほとんどであろう。こうした調査報告書は、作成・提出後遅滞なく資本市場に向けて開示されることが通例であるため、上場会社が不提訴理由の通知を行う場合は、調査報告書の記載内容を引用・参照し、通知書自体の内容は簡素なものが多いと思われる。

e　提訴請求に問題があると株主代表訴訟は原則として却下される

　上記のとおり、提訴請求の手続を経ないで提起された株

主代表訴訟は、原則として不適法なものとして却下されることになるが、例外もありうる。

有効な提訴請求がなされないまま株主代表訴訟が提起された場合において、その後有効な提訴請求がなされた際に、訴えが不適法なものとして却下されるか否かについては裁判例が分かれている。また、有効な提訴請求はなされたものの、60日を経過しないで株主代表訴訟が提起され、その後、会社が提訴しないまま60日が経過した場合については、会社において提訴すべきか判断する機会が与えられているため、適法な提訴と考える見解が有力である。

(6) 責任調査委員会による調査

責任調査委員会は、まだ実務の歴史が浅く、第三者委員会の日弁連ガイドラインのような統一的な運用指針や、ベストプラクティスは存在しない。そのため、以下は筆者らの経験に基づく説明となることをお断りする。

a 委員・事務局の選任

会社が提訴請求を受けた場合、直ちに責任調査委員会の立ち上げを行う必要がある。提訴請求を受けてから、会社の提訴判断として許されている期間は、会社法で60日間と定められている。そのため、委員の人選に多くの時間を割くことはできない。

責任調査委員会の目的が、関与者個々の法的責任の有無・内容の分析であることから、委員の多くは元裁判官の弁護士であることが多い。また、事実調査の技術に優れていることから、元検察官の弁護士が1名以上選任されるのが通常である。委員の調査・分析を補助する事務局となる弁護士は、委員が所属する法律事務所から選任されることが多いであろう。なお、下記cで述べる理由により、第三者委員会とは別に、デジタル・フォレンジックの技術を有する公認会計士を事務局の補助者とすることが必要な場合もある。

b　調査対象の設定

　責任調査委員会の目的は、会社の提訴判断の参考とするため、提訴請求書で列挙された取締役各人の法的責任を分析する点にある。そのため、責任調査委員会の調査対象は、基本的には株主からの提訴請求において特定された取締役の行為を中心に設定されることとなる。

c　調査の手法

　基本的には、責任調査委員会でも第三者委員会と同様の手法で調査を進めていくことになる。この点、責任調査委員会に先行して第三者委員会が調査を実施した場合は、第三者委員会が入手した資料等を共有してもらうことで、証

拠保全の便宜となることもありうる。

　もっとも、日弁連ガイドラインでは、「第三者委員会が調査の過程で収集した資料等については、原則として、第三者委員会が処分権を専有する」とされていることを理由に、第三者委員会が資料等の共有を拒むことも考えられる。そのような場合は、責任調査委員会として、一から独自に調査を実施する必要があり、関与者からのデジタルデータの収集や、デジタル・フォレンジックの実施を、第三者委員会とは別途行うことになる。

　提訴請求を受けて会社が提訴判断を行う期間として、会社法では60日間と定められているが、上記のように、責任調査委員会が第三者委員会とは別に、一から独自に調査を実施する場合は、すでに証拠が散逸していることもあるため、必ずしも60日間で十分な調査を尽くすことができないおそれもある。そのため、会社としては、この期間内に責任調査委員会の調査が完了するように最大限協力する必要がある。

d　調査報告書の作成・提出

　責任調査委員会は、会社が提訴請求を受けた日から60日以内に調査報告書を会社に提出する必要がある。

　第三者委員会とは異なり、責任調査委員会は取締役各人の法的責任の有無について分析していくので、調査報告書

では、個々の取締役の関与の有無、**善管注意義務違反**の有無、損害の内容と善管注意義務違反との因果関係等について、法的な分析を記載していくことになる。そのうえで、提訴請求に記載された取締役のうち、具体的にだれに対していくらの損害賠償を請求すべきか、あるいは提訴すべきではないのか、会社に対する提言を記すことになる。

e 訴状などの作成

会社は、株主から提訴請求を受けた取締役のうち、提訴すべきと判断した者については、提訴請求から60日以内に提訴しなければならない。そこで、責任調査委員会としては、調査報告書の作成と同時並行で、訴状を起案していくことになる。

4 株主代表訴訟の審理はどのように進むか

(1) だれが株主代表訴訟の当事者になるのか

a だれが原告になれるのか

① 株主であることが要件

株主代表訴訟は、株主として1株でも株式を所有していれば提起することができる。その株式には議決権がなくてもかまわない。定款で排除されない限り、単元未満株式の株主であっても、株主代表訴訟を提起することができる。

この場合、「株式を所有する」という意味は、株式を有効かつ実質的に所有することは当然のことながら、会社に対する関係でも株式の所有を対抗できること(株券発行会社の株式であれば株券を占有していること、株券が存在しない振替株式であれば振替口座簿への増加の記載・記録、それ以外の株券不発行会社の株式であれば株主名簿への記載・記録)が必要であると解される。

② いつからいつまで株主であることが必要か

株主代表訴訟の原告株主となるためには、**公開会社**(定款で株式譲渡制限を設けていない会社)の場合、6カ月前

（定款でこれを下回る期間を定めたときにはその期間）から引き続き株式を所有することが必要であり、**株式譲渡制限会社**の場合には、こうした継続保有要件はなく、単に株主であればよい。

　株主代表訴訟の法的性質については、株主は、第三者である株式会社の利益のために原告となり、取締役を被告として訴訟を追行して判決を受けるものであり、いわゆる第三者の訴訟担当（**法定訴訟担当**）であるとされている。株主は、株主という資格があってはじめて、原告として、第三者である株式会社のために株主代表訴訟を追行することができると考えられる。そのため、公開会社であっても株式譲渡制限会社であっても、訴訟終了時までに、株式譲渡その他の理由によって株主としての地位が失われたときは、原告適格を失い、当該株主代表訴訟に係る訴えは却下されると考えられる。

　もっとも、本章2(3)のように、原告株主が株式交換または株式移転により当該株式会社の完全親会社の株式を取得したような場合や、合併による消滅会社の株主である原告が、存続会社等の株式を取得した場合は、例外的に株主代表訴訟の原告適格を失わない（ただし、合併等の対価が金銭や他の会社の株式であるために、原告が存続会社等の株主とならない場合は、この例外には該当しないので、原告適格を失うことになると考えられる）。

③ 原告が死亡・消滅した場合はどうなるのか

　原告株主が死亡または合併により消滅した場合は、株主代表訴訟の手続は中断し、相続人や存続会社（包括承継人）は株主代表訴訟を承継することができると考えられる。この場合、株式継続保有の要件については、元原告株主の保有期間と包括承継人の保有期間を通算することができる。

　他方、原告株主が第三者に株式を譲渡した場合は、相続や合併の場合とは異なり、原告としての地位を承継することはできないと解される。この場合は、相続や合併とは異なり、法的には包括承継ではないし、また、株式譲渡による原告適格の承継を認めた場合には、6カ月の継続保有要件を潜脱することが可能となってしまうためである。

b　だれが被告とされるのか

　株主代表訴訟の被告となる取締役は、現在会社の取締役である者に限られず、取締役であった者も含まれると考えられる。提訴前に取締役が死亡した場合は、相続人を被告として株主代表訴訟を提起することができると解されている。株主代表訴訟における取締役の責任は、損害賠償責任という金銭債務であって、相続の対象となるためである。また、提訴された取締役が株主代表訴訟の係属中に死亡した場合については、相続人が訴訟を受継すると判断した裁

判例がある。

　なお、株主代表訴訟は、株式会社の本店所在地を管轄する地方裁判所に対して提訴することになる。

(2) 株主代表訴訟ではどのような責任が追及されるのか

　会社法の規定では、株主代表訴訟においては、取締役の会社に対する責任に加えて、発起人、取締役以外の役員等(会計参与・監査役・執行役・会計監査人)、清算人、株主の権利の行使に関し利益供与を受けた者、出資の履行を仮装した募集株式の引受人等、不公正な払込金額で株式・新株予約権を引き受けた者等の会社に対する責任についても追及することができると定められている。

　このように、会社法の明文規定によって株主代表訴訟の対象とされる責任に加えて、取締役が会社との取引によって負担することとなった債務なども株主代表訴訟によって追及できるか否かについては、争いがある。

　実際に裁判で争いになったケースでは、会社が第三者から買い受けた土地について、会社ではなく取締役への所有権移転登記がなされたとして、①会社が取得した土地の所有権に基づく登記請求権、または、②会社・取締役間における当該取締役名義の借用契約の終了に基づく登記請求権を理由として、会社への真正な登記名義の回復を原因とす

る所有権移転登記手続を求めて、株主代表訴訟が提起された。

この点について最高裁判所は、旧商法267条1項にいう「取締役ノ責任」には、取締役の地位に基づく責任のほか、取締役の会社に対する取引債務についての責任も含まれるとの判断を示し、上記②に基づく登記請求を認めたものの、上記①は株主代表訴訟の対象ではないとした。その理由としては、「株主代表訴訟の制度は、取締役が会社に対して責任を負う場合、役員相互間の特殊な関係から会社による取締役の責任追及が行われないおそれがあるので、会社や株主の利益を保護するため、会社が取締役の責任追及の訴えを提起しないときは、株主が同訴えを提起することができることとした」と認定したうえで、「会社が取締役の責任追及をけ怠するおそれがあるのは、取締役の地位に基づく責任が追及される場合に限られないこと」などから、取締役の会社に対する取引上の債務についての責任も株主代表訴訟の対象とすべきであるとされた。

この最高裁の見解については、(a)取引債務についても株主代表訴訟の対象に加えると会社の経営上の判断の余地を制約しすぎる、(b)それまでの裁判例では、上記①のような会社の土地所有権に基づく登記請求も株主代表訴訟によって追及できるとされていたが、これを否定する理由が不明確である、といった批判がある。

なお、取締役在任中に生じた責任については、終任後であっても、株主はその者に対して株主代表訴訟を提起することができる。他方、取締役に就任する前に会社との間で締結していた雇用契約に基づく債務不履行責任は、「取締役ノ責任」とはいえないため、株主代表訴訟の対象には含まれないとする裁判例がある。

(3) 株主代表訴訟の濫用を防止する制度はあるか

a　提訴目的による濫訴の防止

　これまで説明したような株主代表訴訟の要件を満たす場合であっても、会社法上は、株主代表訴訟の提起が、当該株主もしくは第三者の不正な利益を図り、または会社に損害を加えることを目的とする場合は、原告適格を有する株主が株主代表訴訟を提起しても、不適法な訴えとして却下される。

　これは会社法で設けられた制限であるが、旧商法において**訴権濫用**とされていた類型の一部を会社法の規定で明文化し、株主による提訴請求および提訴の要件としたものである。もっとも、もっぱら役員に対して損害を加える目的で株主代表訴訟を提起した場合など、会社法の規定で示された類型以外の濫用的な株主代表訴訟については、民法における権利濫用の一般条項によって訴えが却下されること

もありうる。

なお、会社法制定前の裁判例であるが、会社から金銭を脅し取る目的による提訴、極めて軽微な違法行為について嫌がらせのみを目的とした提訴、原告株主が会社と通謀して申立手数料の節減を図る目的で株主代表訴訟を提起した場合などにおいて、訴権濫用として訴えが却下された。他方、内紛や売名等の動機で提訴された株主代表訴訟であっても直ちに**権利濫用**とはいえない、とした裁判例がある。

b 担保提供命令による濫訴の防止

① 担保提供命令とは何か

株主代表訴訟の提起が、原告株主の悪意によるものであることが**疎明**（一応確からしいとの推測を裁判官が得た状態、またそれに達するよう証拠を提出する当事者の行為。「証明」よりもレベルが低い）されたときは、裁判所は、被告取締役の申立てにより、原告株主に対し相当の担保を立てるべきことを命ずることができる。これは、株主代表訴訟の提起が被告取締役に対する不法行為に当たる場合に備えて、被告取締役の原告株主に対する損害賠償請求権を担保し、株主代表訴訟の濫用を防止する趣旨である。

本章2(1)のとおり、裁判所の担保提供命令が確定した場合は、原告株主が命ぜられた期間内に担保を提供しないと、株主代表訴訟は却下される。

② 「悪意」による提訴といえるための要件とは何か

株主代表訴訟の提起が「悪意」によるものといえるための要件には、解釈上、2種類あるといわれている。

1つは、「**不法不当目的要件**」と呼ばれるものである。総会屋による提訴など、原告株主が株主代表訴訟を手段として不法、不当な利益を得ようとする場合は「悪意」に当たる、というものである。もっとも、この要件については、上記 a で紹介した会社法における提訴目的による制限規定のなかで、訴権濫用として株主代表訴訟が制限されるものとして部分的に立法化されているとも評価できる。

もう1つは、「**不当訴訟要件**」である。これは蛇の目ミシン工業の元役員を被告とした株主代表訴訟で出された基準であるため、「**蛇の目基準**」と呼ばれる。蛇の目基準では、不法不当な目的による提訴の場合に加えて、原告株主が「請求に理由がない」ことを認識しつつあえて提訴した場合（不当訴訟）も「悪意」に含めた。蛇の目基準は、原告株主の過失によって不当訴訟が提訴された場合も「悪意」となる余地を認めた点が特徴であり、この点で学説から批判されている。しかし、大多数の下級審裁判例では、蛇の目基準が採用されている。

③ 近年では担保提供命令はあまり活用されていない

被告取締役が担保提供命令の申立てをした場合は、原告株主が担保を提供するまで株主代表訴訟の審理や手続に応

じる必要はない。裁判所は、必要に応じて当事者から意見を聴く（審尋）などして、「悪意」の疎明がされたか否かを判断することになる。

もっとも、実務上は、1997年頃以降は担保提供命令の発令件数が減少し、近年ではほとんど発令されていないという報告もある。「悪意」であるか否かの判断は、結局のところ株主代表訴訟の中身（本案）の審理と重複する点が多いため、近時の裁判所の方針としては、「悪意」の認定に慎重な判断を要する事件については、本案の審理を進めて、全体的な解決を促進する傾向にある、といわれている。

その意味では、担保提出命令が株主代表訴訟の濫用防止に必ずしも役立っているとは言いがたい状況にあるといえる。

(4) 株主代表訴訟において会社はどのような役割を果たすか

株主代表訴訟の原告は株主であり、被告は取締役等であるが、この訴訟に会社も参加することができる（**訴訟参加**）。

株主が提起した株主代表訴訟には、会社は原告側の**共同訴訟人**として参加することができる。会社が取締役に責任がないと考える場合、法律上の利害関係の有無にかかわらず、会社は被告たる取締役側に**補助参加**することができ

る。

　会社による参加の機会を保障するため、株主代表訴訟を提起した株主は、遅滞なく会社に対し訴訟告知をしなければならない。会社は、株主から**訴訟告知**を受けたとき、または自ら取締役を提訴したときは、その旨を遅滞なく公告するか、他の株主に通知しなければならない。

　取締役等（経営陣）の被告側に会社が訴訟参加できるかについては、旧商法においては争いがあった。会社を代表して訴訟を提起しているはずの原告株主に対立するかたちで会社が被告側に補助参加するというのは自己矛盾ではないか、という懸念があったためである。しかし、取締役会決議が違法として提起された株主代表訴訟において、会社による補助参加を認める最高裁決定が出たことを受け、2001（平成13）年商法改正では、監査役の同意を条件に、会社が被告側に補助参加することが認められることとなった。もっとも、同商法改正後も、民事訴訟法においては、会社が被告取締役側に補助参加するためには、訴訟の結果について会社が**法律上の利害関係**を有することが要件とされていた。そのため、その後の株主代表訴訟では、被告取締役が敗訴することについて会社に利害関係があるか否かが争点となり、訴訟遅延の一因となっていた。

　現行の会社法では、上記のように、法律上の利害関係の有無にかかわらず、会社は被告取締役側に補助参加するこ

とができるという規定が設けられた。ただし、会社が補助参加するに際しての会社としての適正な判断を確保するため、監査役設置会社においては監査役全員の同意、監査等委員会設置会社においては監査等委員全員の同意、指名委員会等設置会社においては監査委員全員の同意がなければならないとして、一定の歯止めが設けられている。こうした同意が求められるのは、会社が被告取締役側に補助参加する場合に限られ、会社が原告株主側に共同訴訟参加する場合は不要である。

(5) 株主代表訴訟における審理の特徴

株主代表訴訟では、①株主の提訴請求で特定された取締役の一部について会社が提訴する一方で、会社が提訴しなかった取締役を株主が提訴する場合（会社一部提訴型）と、②会社が提訴請求を受けた取締役をいっさい提訴しないために、株主が独自に提訴した場合（会社不提訴型）に大別されると考えられる。この類型によって、原告たる株主と被告たる取締役の各々について訴訟対応に違いがみられるようである。

まず、原告株主の主張立証の手法や難易度に違いがみられる。

会社一部提訴型の場合は、会社が原告として一部の取締役を提訴した訴訟手続において株主が共同原告として参加

していくかたちとなる。この場合、会社は株主と比べて膨大な証拠を保有しており、詳細な請求原因を主張立証していくことが想定される。そのため、共同原告として参加する株主は、会社による詳細かつ豊富な主張立証の恩恵を受けながら訴訟追行していくことが可能となる。

他方、会社不提訴型の場合は、原告たる株主は、取締役の行為について自ら豊富な証拠を持っているわけではないため、探索的な主張立証をせざるをえない。そのため、被告から主張内容について釈明を求められながらも、比較的証拠へのアクセスがある被告に対して逆に釈明を求めていく戦術や、裁判所に対して**文書提出命令**を申し立てて証拠の不十分さを補う戦術をとることが考えられる。

次に、被告取締役の訴訟戦術にも違いがみられる。

会社一部提訴型の場合は、会社が提訴請求を受けて調査・分析を経た結果として提訴しているため、会社に提訴された取締役が敗訴する可能性は、株主に提訴された取締役よりも類型的に高いと考えられる。また、会社に提訴された取締役間では相互に利害の対立が大きく、場合によっては同一の行為について相互に責任を押し付け合うようなこともありうる。他方、株主に提訴された取締役は、会社に提訴された取締役と利害が対立する可能性はあるものの、株主に提訴された取締役間の相互の利害はあまり対立しないこともありうる。そのため、会社一部提訴型の場合

は、会社に提訴された取締役については、被告各人に別々の訴訟代理人がつく場合が多いのに対し、株主に提訴された取締役は、利害を共通にする取締役のグループごとに訴訟代理人を選任することがある（第4章5(2)参照）。

5 株主代表訴訟はどのように終わるのか

(1) 判決前に和解で終わることもある

　会社法の規定では、会社が株主代表訴訟の和解当事者（和解の利害関係人である場合も含む）ではない場合には、当該会社の承諾がある場合を除き、当該株主代表訴訟における訴訟の目的について民事訴訟法267条の規定を適用しない、すなわち、**訴訟上の和解**を行っても会社に対して確定判決と同一の効力は認められないとされている。言い換えれば、会社が和解の当事者となっている場合や、当事者ではなくても会社が承諾している場合は、訴訟上の和解には**確定判決と同一の効力**が認められることになる。ここでの「確定判決と同一の効力」という意味は、一般には、和解の効力が会社や他の株主にも及び、再訴が禁止されると解されている。

　また、会社法は、原告株主が被告取締役と訴訟上の和解をする場合において、裁判所が会社に対し、和解内容を通知し、かつ、会社が和解に異議があれば2週間以内に異議を述べるべき旨を催告しなければならないと規定する。会社がこの期間内に書面により異議を述べない場合、裁判所

が通知した内容による和解を承認したとみなされる。異議を述べた場合は、上記のように、和解の効力は会社に及ばないことになる。

このように、会社に対する**異議の催告**という制度があるため、会社の利益は一定程度保護されている。しかし、原告となった株主以外の株主に対して和解の内容を通知・公告する制度がないため、和解内容に対して異議を述べるかどうかについては、ひとえに取締役や監査役の判断に委ねられる。原告株主以外の株主に対するこうした役員の責任（善管注意義務）は極めて重大であろう。

なお、株主代表訴訟において訴訟上の和解ができるか否かについては、かつては議論があった。古くから裁判実務上では株主代表訴訟でも訴訟上の和解が行われていたものの、こうした和解を取締役の責任免除と同視し、総株主の同意がなければ許されない（旧商法の規定でも現在の会社法でも、取締役の会社に対する責任を免除するには総株主の同意が必要とされるため）とする見解があった。そこで2001（平成13）年商法改正では、株主代表訴訟における訴訟上の和解に総株主の同意は必要ないという規定が設けられるとともに、会社が当事者ではない場合の会社への通知・催告と会社による異議の制度が設けられた。また、2005（平成17）年の会社法制定では、会社が株主代表訴訟の当事者でない場合であっても、会社が承認した場合は、民事訴訟法

267条が適用され、訴訟上の和解について確定判決と同一の効力が会社に対しても及ぶことになった。

こうした法改正により、株主代表訴訟でも訴訟上の和解が可能であり、会社が当事者ではなくても、会社が承認した場合は和解の効力が会社に及ぶことが明確になった。もっとも、株主代表訴訟は、その構造上、会社にとって不利な和解が行われる危険のある訴訟といわれている。

一般的には、株主代表訴訟は原告株主の代理人弁護士の主導で行われる傾向にあるが、原告代理人弁護士は、会社の利益（賠償額の最大化）よりもいつどれだけ自分が報酬を得られるかに強い関心を持つといった事情が生じがちであるとされる。そのため、裁判所に対しては、会社にとっても公正な和解とするべく、訴訟上の和解内容の決定を当事者に任せきりにせず、裁判所自身も積極的に関与するように努力すべきであるとの指摘もある。

なお、本章ではもっぱら会社法の規定について説明したが、保険金請求手続と裁判上の和解との関係については第4章4(3)を参照されたい。

(2) 株主が勝訴した場合、株主は強制執行ができるほか、弁護士報酬などを会社に対して請求することができる

上記(1)のとおり、株主代表訴訟の判決の効力は、原告株

主の勝訴敗訴にかかわらず、会社に及ぶとされている。

原告株主が勝訴した場合において、勝訴判決に基づいて会社が強制執行を申し立てないときに、原告株主が強制執行の申立てをすることができるか否かについては議論があった。株主には会社にかわって株主代表訴訟を行うことができても、会社にかわって強制執行を申し立てる権利まではない、仮に申立てを認めたとしても、その配当を会社に対して行うという結論を導くことには無理がある、などとしてこれを否定する見解があった。しかし、原告株主は勝訴判決の当事者なのだから、当然に判決の執行力を受けると考えられること、また、実質的にも、取締役の会社に対する責任を会社が追及しない可能性への手当として株主代表訴訟制度が設けられたという法の趣旨に照らせば、原告株主が会社のために強制執行を申し立てることができると解すべきであること、などの理由から、学説上はこれを肯定する見解が多数説である。そして、実務上も、原告株主による強制執行の申立てを認める運用が行われている。

なお、原告株主が勝訴した場合には、株主は、①訴訟に関し支出した必要な費用の額の範囲内、または、②弁護士（もしくは弁護士法人）に支払う報酬額の範囲内で、相当と認められる額の支払いを、会社に対して請求することができる。ここにいう「必要な費用」には、事実関係の調査費用、弁護士との打合せに要した旅費・通信費等が含まれる

が、**訴訟費用**（裁判所に提出した訴状等に貼付した印紙代）は、判決によって敗訴当事者である取締役の負担となるため、除外される。

(3) 取締役が勝訴した場合、取締役は会社に対して防御に要した費用を請求できるほか、株主に対して損害賠償請求できる場合もある

敗訴した原告株主は、悪意があった場合に限り、会社に対して損害賠償責任を負う。ここにいう「悪意」とは、不適当な裁判により敗訴して会社の権利を失わせる認識、および、いわれない訴訟を提起することにより会社の信用失墜等の損害を与える意図の両方を含むとされている。

他方、勝訴した被告取締役が株主代表訴訟のために支出した費用や弁護士報酬については、会社法上の規定はない。この点については、会社と取締役が民法上の委任関係にあることを理由に、取締役は、弁護士報酬額を含め、株主代表訴訟の防御のために必要となった相当額を、会社の受任者たる取締役がその委任事務を処理するために被った損害として、会社に対して請求できると解されている（第1章5参照）。この点は、会社役員賠償責任保険の保険料の会社負担の可否とともに議論されてきた問題であるが、近時はここで紹介した見解が広く支持されており、保険実務もこれに従って運用されているようである。

6　2014年会社法改正で導入された多重代表訴訟

　本章の最後に、2014（平成26）年会社法改正で導入された、いわゆる多重代表訴訟について説明する。従来の株主代表訴訟の制度では、主に上場会社の取締役が株主代表訴訟を提起されるリスクを負っていたが、多重代表訴訟制度の導入により、上場会社の子会社の取締役であっても、場合によっては株主代表訴訟を提起されるリスクを負うことになった。

　なお、「**多重代表訴訟**」という言葉は法令上の用語ではなく、会社法の条文では「**特定責任追及の訴え**」と定義されている。

(1) 多重代表訴訟制度──親会社株主による子会社役員の責任追及のための制度

　持株会社を頂点とする企業グループの場合、業務や経営の中心が子会社に移行することが多い。このような事例では、子会社に対する経営監督機能が働かなければ、子会社の不祥事や経営不振を招き、企業グループ全体に対する悪影響、ひいては親会社の株主に損害をもたらすおそれがある。本来、子会社の取締役等の責任追及は、唯一の株主で

ある親会社が行うべきであるが、企業グループ内の取締役等の間では、親密な関係や同族意識により、親会社が子会社の取締役等の責任追及の訴えを懈怠するおそれが類型的に認められる。そこで、親会社の株主による子会社の取締役等の責任追及を可能とすることで、企業グループ全体の利益回復ひいては親株主の利益確保を図るため、2014（平成26）年会社法改正の一環として、多重代表訴訟制度（特定責任追及の訴え）が導入された。

もっとも、企業グループの経営には一定の裁量が認められるべきであり、子会社の機動的・効率的な業務執行に支障をきたさないような配慮が必要である。また、子会社の取締役等は、実質的には親会社における部門の長、すなわち使用人にすぎないため、あらゆる子会社についてまで親会社株主の監視監督を及ぼすことは適切ではない。そこで、親会社株主によって追及が認められる「特定責任」の範囲は、一定規模以上の子会社の取締役等の責任に限定することで、制度上の利益調整が図られた。

(2) 多重代表訴訟と株主代表訴訟との類似・相違点はどのようなものか

多重代表訴訟制度（特定責任追及の訴え）は、従来の株主代表訴訟制度をベースに設計されたものであるため、従来の株主代表訴訟制度との類似・相違点に着目することが

図表2-3　多重代表訴訟（特定責任追及の訴え）

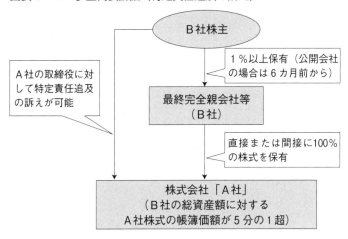

理解の早道といえる。

a　提訴請求の手続は類似するが原告適格に違いがある

まず、原告となるための資格が異なる。特定責任追及の訴えを提起できるのは、株式会社（「A社」）の究極の親会社（最終完全親会社等、「B社」）の議決権または発行済株式の1％以上を保有する株主であり、公開会社の場合は6カ月前から保有する株主に限られる。B社の株主とA社との関係は、B社を通じた間接的なものにすぎないため、A社の取締役の責任を追及できるB社の株主の範囲を限定する趣旨である。

提訴請求の手続については、上記のような原告適格を有

するB社の株主が、A社に対する書面等により、特定責任追及の訴えの提起を請求することになる。この請求の日から60日以内にA社が特定責任追及の訴えを提起しないときは、当該請求をしたB社の株主は、A社のために、特定責任追及の訴えを提起することができる。

提訴請求が許されない場合については、株主代表訴訟と同様に、当該株主もしくは第三者の不正な利益を図り、またはA社に損害を加えることを目的とする場合が定められるが、これに加えて、B社に損害を加えることを目的とする場合や、責任の原因となった事実によってB社に損害が生じていない場合も定められている。

b 対象となる責任にも違いがある

特定責任追及の訴えの対象となる責任は、株主代表訴訟よりも限定されている。すなわち、取締役その他の役員や発起人、清算人等（会社法の条文では「発起人等」と総称される）の責任に限られる。具体的には、子会社の取締役の責任の原因となった事実が生じた日（行為日）において、最終完全親会社等の総資産額に対する当該子会社の株式の帳簿価額が5分の1を超える場合の当該取締役の責任である（**特定責任**）。行為日において、完全親子会社関係が存在することと、上記の5分の1の資産要件を充足することが必要である。

c 訴訟の手続に違いはないが特定責任の免除の要件は異なる

通常の取締役の責任の免除要件は、会社の「**総株主の同意**」である。しかし、A社の取締役に関する特定責任の場合、A社の「総株主の同意」、すなわちA社の直接の完全親会社の同意があればA社の取締役の特定責任が免除されるとすると、多重代表訴訟制度を設けた意味がない。そのため、特定責任の免除には、A社の総株主の同意に加えて、B社の総株主の同意を要するものとされた。

その他、訴訟参加（A社は原告側に共同訴訟人として、あるいは被告であるA社の取締役側に補助参加人として参加することができる）、訴訟告知、不提訴理由の通知、担保提供命令制度、和解、勝訴株主の費用請求など、すでに説明した株主代表訴訟に関する諸制度は、特定責任追及の訴えにおいても準用される。

> **コラム** デジタル・フォレンジックとは？
>
> パーソナルコンピュータ等の電子機器に残るデジタルデータの収集・修復・解析を行う調査手法のことを総称して「デジタル・フォレンジック」と呼ぶ。事案の性質や規模にもよるが、第三者委員会や責任調査委員会においては、事案解明のために

デジタル・フォレンジックが活用されることが多い。

　具体的には、企業不祥事に関与したまたは関与していた疑いのある調査対象者のパーソナルコンピュータ等の電子機器をデジタル・フォレンジック業者が確保し、当該電子機器に保存されているデジタルデータ（電子メール、ドキュメントファイルなど）の複製を作成するとともに、削除されたデジタルデータの復元が行われる。複製・復元されたデジタルデータはレビュー用のプラットフォームにアップロードされ、複数の調査担当弁護士および公認会計士によりレビューされることになる。レビュー用のプラットフォームにおいては、たとえば、電子メールであれば、作成年月日、送信者、受信者、キーワード等のさまざまな観点から検索をかけることが可能であり、当該不祥事に関連する電子メールを効率的に抽出することができるようになっている。

　もっとも、調査対象者が多数存在する場合や調査対象期間が長期間にわたる場合には、数万通～数十万通もの電子メールの中から証拠価値の高い電子メールを探し出す必要があるため、電子メールのレビューだけでも膨大な作業量となることが多い。

第 3 章

D&O保険とはどのような保険か

1　D&O保険では何が補償されるか

(1)　D&O保険には役員を守るとともに会社の企業価値を高める役割がある

　上場会社で**不祥事**が発覚し、株主が不祥事を起こした会社の役員に対する株主代表訴訟を提起したとき、「この会社はD&O保険に入っているから、役員が個人で損害賠償責任を負うことはない」という会話を耳にすることがある。また、2015年6月1日から上場会社に**コーポレートガバナンス・コード**が適用されるようになり、「経営陣幹部による適切なリスクテイクを支える環境整備にはD&O保険の活用が重要」という説明を受けることもある。実際、2015年3月に経済産業省が公表した「日本と海外の役員報酬の実態及び制度等に関する調査報告書」によれば、わが国の上場会社の約9割がD&O保険に加入しているという。

　このように昨今よく話題にのぼり、多数の上場会社が加入しているD&O保険ではあるが、上場会社の役員であっても自社が加入しているD&O保険の仕組みや補償内容をきちんと確認したことがある方は少ないのではないだろうか。そもそもD&O保険とはどのような保険なのだろうか。

D&O保険は、会社の役員がその業務について行った行為を理由に損害賠償請求を受けたことによって負担する損害賠償金や弁護士費用を補償するための保険であり、簡単にいえば、役員が会社経営を行う過程で遭遇する損害賠償リスクが現実的なものとなり、株主や第三者から法的責任を問われたときに対応するための保険である。

　保険会社との間でD&O保険を契約するのは会社であるが、D&O保険による補償を受ける者（**被保険者**と呼ばれる）は原則として役員である。D&O保険が役員のための保険といわれるのは、D&O保険による補償を受けるのが役員だからである。このようにD&O保険は役員を守るための保険契約であることから、役員としてもD&O保険によって何が補償され、何が補償されないのかといったD&O保険の補償内容に高い関心を持つべきといえよう。

　一方で、D&O保険には、単に役員を賠償リスクから守るという役割だけでなく、役員の保護を通じて会社の企業価値の向上をサポートするという重要な役割もある。役員が賠償リスクを過度におそれて、萎縮した経営を行うことは会社の利益にならない。D&O保険があることにより、役員の損害賠償のリスクが軽減されれば、役員は萎縮した経営から解放され、**適切なリスクテイク**をすることができるようになり、また、会社としても有能な人材を役員に登用することが可能になるのである。このように、D&O保

険は会社にとってもその企業価値を高めるための積極的な役割を担う重要な契約であるといえよう。

保険約款と聞くと、細かい文字が印字された紙面を思い浮かべ、読むことすら億劫に感じてしまうかもしれないが、保険約款はれっきとした企業間の取引契約書であり、D&O保険の重要な役割をふまえると、役員としても自社が加入しているD&O保険の保険約款に一度は目を通しておくべきだろう。

なお、D&O保険は、日本では一般的に「**会社役員賠償責任保険**」という名称の保険商品として販売されており、

図表3-1　D&O保険の構造

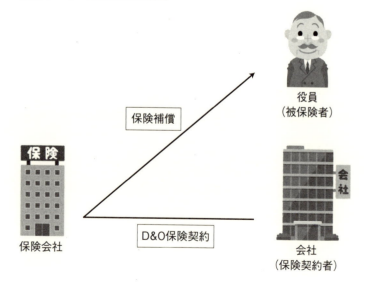

英語名称がDirectors' and Officers' Liability Insuranceであることから一般的にD&O保険と呼称されることが多い。本書でも一般的な用法にならってD&O保険と呼ぶこととする。

(2) D&O保険では損害賠償金と争訟費用が補償される

では、D&O保険は、役員のどのような損害を補償する保険なのだろうか。

D&O保険においては、会社の役員としての業務について行った行為を理由に、役員に対して損害賠償請求がなされた場合に、役員は、①法律上の損害賠償責任に基づく賠償金と、②損害賠償請求に対する争訟によって生じた費用（**争訟費用**）について補償を受けることができる。

「①法律上の損害賠償責任に基づく賠償金」には、第1章で説明した役員の対会社責任や対第三者責任だけでなく、会社法や金融商品取引法に基づく特別な法定責任も含まれる。したがって、株主代表訴訟によって株主が責任追及をすることのできる会社法上の法定責任、具体的には、株主権の行使に関する利益供与に係る責任、募集株式の発行等に関する現物出資財産の不足額てん補責任、募集株式の引受人または新株予約権者が出資の履行を仮装した場合の財産価額てん補責任などについても、D&O保険によっ

て補償されることになる。

　このような賠償金は、確定判決や和解によって役員が負担すべき損害賠償責任の有無および賠償額が確定していることを要する（後記(5)参照）。注意が必要なのは、和解によって役員の損害賠償責任の有無および金額を確定する場合には、事前に保険会社の同意を得ていることが保険約款上の保険金の支払要件となる点である。保険会社の同意なしに役員が勝手に損害賠償責任を認めてしまうことは許されない。

　「②損害賠償請求に対する争訟によって生じた費用（争訟費用）」には、訴訟手続費用、仲裁手続費用、調停手続費用、和解手続費用等が含まれ、その典型例は、防御活動のために要する弁護士費用（弁護士報酬および実費）である。特に海外において損害賠償請求訴訟を提起された場合には、役員の防御活動のために莫大な弁護士報酬を要する可能性があり、D&O保険の補償を受けるメリットは非常に大きくなる。このような争訟費用には、保険会社が妥当かつ必要と認めたものという制限が付されているため、弁護士費用であれば無限定に補償されるわけではないことに注意が必要である。

(3) 役員のすべての責任がD&O保険の補償対象となるわけではない

a 保険金の支払いを受けることができない場合がある

D&O保険では、保険期間中に役員が損害賠償請求を受けたことを**保険事故**として保険金が支払われることになっている。保険事故としては、役員が株主や第三者から損害賠償請求の通知を受ければ足り、損害賠償請求訴訟が提起される必要はない。

それでは役員がどのような行為を行っていたとしても、損害賠償請求を受ければ役員は保険会社から保険金の支払いを受けることができるのだろうか。

この質問に対する答えはノーである。実は、D&O保険の保険約款には、役員が損害賠償請求を受けたにもかかわらず、役員が保険金の支払いを受けることができない事由が個別に列挙されているのである。このような事由は**免責事由**と呼ばれる。免責事由には、①当該免責事由に該当する役員のみが保険金の支払いを受けられず、他の役員は保険金の支払いを受けることのできるものと、②当該免責事由に該当すれば、役員全員が保険金の支払いを受けることができなくなるものがある。

これらの免責事由のうち、主要なものは以下のとおりで

ある。

【被保険者ごとに適用される免責事由】

略称	免責事由の内容	具体例
① 違法利益取得免責事由	役員が私的な利益または便宜の供与を違法に得たことに起因する損害賠償請求	取締役会の承認を受けていない取締役と会社の間の利益相反取引、取締役会の承認を受けていない取締役による競業取引に起因する会社の損害の賠償請求
② 犯罪行為免責事由	役員の犯罪行為に起因する損害賠償請求	役員による贈賄罪、業務上横領罪、特別背任罪に起因する会社の損害の賠償請求
③ 法令違反認識免責事由	法令に違反することを役員が認識しながら（認識していたと判断できる合理的な理由がある場合を含む）行った行為に起因する損害賠償請求	役員が善管注意義務違反を知りつつ行った行為、各種の業法違反を知りつつ行った行為に起因する会社の損害の賠償請求
④ 報酬違法支払免	役員に報酬または賞与その他の職務執行の対	会社法に違反して役員報酬が支払われたこと

	責事由	価が違法に支払われたことに起因する損害賠償請求	に起因する会社の損害の賠償請求
⑤	内部者情報利用売買免責事由	役員が、公表されていない情報を違法に利用して、株式、社債等の売買等を行ったことに起因する損害賠償請求	役員のインサイダー取引に起因する会社の損害の賠償請求
⑥	違法利益供与免責事由	政治団体、公務員または取引先の役員、従業員等に対する違法な利益の供与に起因する損害賠償請求	役員による贈賄、違法な政治献金に起因する会社の損害の賠償請求

　実務上は、**法令違反認識免責事由**について理解しておくことが特に重要である。D&O保険は、役員が経営判断にあたって一定の裁量を有していることを前提に、役員の経営判断の誤りに対して保険保護を与えることに主眼がある。役員が法令違反を認識しながら行った行為は、もはや経営判断の誤りなどではなく、これに対して保険保護を与えてしまうと、保険の存在が法令違反行為を助長することになり、社会的に不当な結果となることから、役員が法令違反を認識して行った行為は免責事由とされている。

　ここでいう法令には、日本国内のあらゆる法令が含ま

れ、また外国法令も含まれる。役員が法令違反を認識していたというためには、役員が法令の存在を知ったうえで、問題の行為が法令違反に該当すると認識していることが必要であるが、具体的な法令の特定の条文に違反していることまで認識している必要はなく、なんらかの法令に違反するとの認識さえ有していれば足りるとされている。役員としては、自らの行為がなんらかの法令に違反する可能性があると認識した場合には、直ちに当該行為を是正しなければD&O保険の補償が受けられなくなってしまうことに留意すべきである。

【すべての被保険者に適用される免責事由】

略称	免責事由の内容
① 保険範囲調整免責事由	(i) 初年度契約の保険期間の初日より前に行われた行為またはその行為に関連する行為に起因する一連の損害賠償請求
	(ii) 初年度契約の保険期間の初日より前に会社に対して提起されていた訴訟およびこれらの訴訟のなかで申し立てられた事実に起因する一連の損害賠償請求
	(iii) この保険契約の保険期間の初日において、役員に対する損害賠償請求がなされるおそれがある状況を会社またはいずれかの役員が知

		っていた場合（知っていたと判断できる合理的な理由がある場合を含む）に、その状況の原因となる行為に起因する一連の損害賠償請求
		(iv) この保険契約の保険期間の初日より前に役員に対してなされていた損害賠償請求のなかで申し立てられていた行為に起因する一連の損害賠償請求
②	特殊リスク免責事由	(i) 地震、噴火、洪水、津波その他の天災等に起因する損害賠償請求
		(ii) 身体の障害、精神的苦痛、財産の滅失、プライバシー侵害等の人格権侵害についての損害賠償請求
③	子会社非該当免責事由	保険証券において指定されている子会社（記名子会社）の役員に対する損害賠償請求のうち、その記名子会社が保険契約者の会社法に定める子会社に該当しない間に行われた行為に起因する損害賠償請求等
④	請求者免責事由	(i) 他の役員、記名法人もしくは記名法人の子会社からなされた損害賠償請求、または役員、記名法人もしくは記名法人の子会社が関与して株主等によってなされた損害賠償請求
		(ii) 大株主からなされた損害賠償請求、または

	株主代表訴訟にかかわらず、大株主が関与して株主等によってなされた損害賠償請求
⑤ 組織再編免責事由	合併、事業譲渡等が行われた場合において、取引の発効日の後に行われた行為に起因する損害賠償請求

　実務上、特に注意が必要なのは**保険範囲調整免責事由**と**請求者免責事由**であるが、前者については下記ｂにおいて説明することとする。

　後者の請求者免責事由は、一見すると難解であるが、保険契約者である会社、その子会社、その役員、その大株主等は、役員に対してなれ合い訴訟や内輪もめ訴訟を起こす可能性が高く、これらのなれ合い訴訟等の損害賠償金や争訟費用にD&O保険が利用されることは不適切であることから設けられた免責事由である。損害賠償請求の形態については、直接役員に対して損害賠償請求する場合だけでなく、株主代表訴訟を提起する場合も含まれる。

　もっとも、株主から株主代表訴訟を提起された場合は、D&O保険加入時に自動付帯される**株主代表訴訟担保特約**によって役員は補償されるため、請求者免責事由の存在にかかわらず役員がD&O保険で補償されることに変わりはない。他方で、株主から提訴請求を受けた会社が役員に対して損害賠償請求をする場合（会社訴訟）には、請求者免

責事由により役員はD&O保険の補償を受けられないのが基本であることに注意が必要である。保険会社によっては、**会社訴訟を包括的に補償するパッケージ商品**や株主からの提訴請求を受けて起こされた会社訴訟の場合に限って補償する**会社訴訟一部担保特約**を用意していることから、D&O保険加入時あるいは更新時においては、会社訴訟の場合における役員の補償の要否が重要な検討事項になるであろう。

b 保険期間前の行為は原則として補償されない

D&O保険の保険期間は通常1年間と定められ、毎年更新手続がとられるのが一般的であるが、いつの時点の保険契約が適用されるかといえば、役員が損害賠償請求を受けた時点で締結されている保険契約が適用されることが保険約款で定められている（**請求事故方式**。つまり役員が請求を

図表3−2　損害賠償請求が保険期間終了後に発生した場合

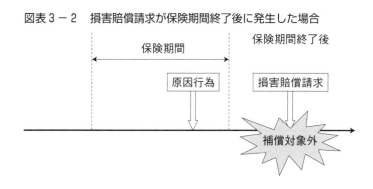

受けたことが保険事故とされている)。たとえば、D&O保険の保険期間中に原因行為（役員の善管注意義務違反による行為等）が起きたとしても、実際の損害賠償請求がD&O保険の保険期間終了後に発生した場合は、保険事故発生時点では保険契約が存在しないため、D&O保険の補償の対象とならない（図表3－2参照）。

また、保険範囲調整免責事由において列挙したとおり、D&O保険では、通常、初年度契約の保険期間の初日より前に行われた行為に起因する一連の損害賠償請求（「一連」の意味については4(2)にて後述）については、保険金が支払われないことになるため、保険金の支払いを受けられるのは保険加入後の行為に起因する損害賠償請求のみである。たとえば、損害賠償請求がD&O保険の保険期間中に発生しても、原因行為がD&O保険の加入前に起きている場合は、D&O保険の補償の対象とならない（図表3－3参照）。

図表3－3　原因行為が保険加入前に起きている場合

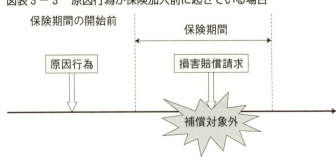

原因行為の後で駆け込み的に保険加入をしてもD&O保険による補償は受けられないのである。

　さらに、各保険期間の初日において役員に対する損害賠償請求がなされるおそれがある状況を会社またはいずれかの役員が知っていた場合に、その状況の原因となる行為に起因する一連の損害賠償請求についても、保険金は支払われない。たとえば、原因行為がD&O保険の保険期間前に発生しており、保険期間の開始時において、会社または役員が「損害賠償請求がなされるおそれがある状況」を知らなかった場合には、その原因となる行為に起因する損害賠償請求はD&O保険の補償の対象となるが、保険期間の開始時において、役員の1人でも「損害賠償請求がなされるおそれがある状況」を知っていた場合には、その原因とな

図表3-4　保険期間の開始時に「損害賠償請求がなされるおそれがある状況」を知っていた場合

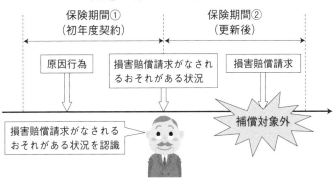

第3章　D&O保険とはどのような保険か

る行為に起因する損害賠償請求についてはD&O保険の補償の対象とならない（図表3－4参照）。損害賠償請求がなされるおそれがある場合に、役員が補償条件を有利に変更して保険契約を更新し、より手厚い補償を受けようとするのを排除するためである。

このようにD&O保険による補償を受けるためには、基本的に、保険期間中に原因行為が発生し、かつ、保険期間中に役員が損害賠償請求を受ける必要がある。もっとも、**先行行為担保特約**に加入すれば、保険加入前の行為に起因する損害賠償請求等についても補償を受けることができる。保険加入前の行為について補償を受けたい場合は、D&O保険加入時に先行行為担保特約への加入を検討する必要がある。

(4) D&O保険の補償を受けるためには「役員」であることが必要か

a 退任した役員もD&O保険の補償を受けられる

D&O保険における被保険者は、保険契約者である会社（約款では**記名法人**と呼ばれる）と保険証券において指定された当該法人の子会社（約款では**記名子会社**と呼ばれる）のすべての役員である（それゆえに本書では被保険者を意味する用語として役員を用いている）。会社法上の取締役、執行

役および監査役のほか、これらに準ずる者として保険証券の被保険者欄に記載された地位にある者が「役員」に該当し、D&O保険の補償を受けることができる。会計参与、会計監査人、執行役員は、基本的に役員に含まれないが、これらを被保険者に含めるための**被保険者追加特約**も存在する。

それでは役員が保険期間中に行った原因行為を理由に退任後に損害賠償請求を受けた場合、D&O保険の補償を受けることができるのだろうか。

結論からいうと、すでに退任している役員も、損害賠償請求を受けた時点で保険契約が締結されている限り、D&O保険による補償を受けることができる。また、保険期間中に新たに選任された役員も当然にD&O保険による補償を受けることができる。要するに、保険期間中に役員の交代があっても、退任した役員と新たに選任された役員の双方が補償を受けることができるということである。なお、初年度契約の保険期間の初日より前に退任した役員は、そもそも保険期間中に在任していないから、D&O保険の補償を受けることができない。

b 役員が死亡した場合は相続人が補償を受けられる

損害賠償請求を受けるおそれのある役員が死亡した場合、被相続人である役員の行為に対する法的責任につい

て、その相続人に対して損害賠償請求がなされる可能性がある(第2章4(1)b参照)。この場合に相続人はD&O保険の補償を受けることができるのだろうか。

損害賠償請求を受けた相続人は、被相続人である役員による行為に関してなんら事実関係を把握していないため、防御のしようがないにもかかわらず、敗訴すれば多額の損害賠償責任を負わされるという過大なリスクを負うことになる。そこで、保険約款上は、役員が死亡した場合は、当該役員とその相続人を同一の被保険者とみなし、相続人もD&O保険の補償を受けられるようになっている。これにより将来における損害賠償請求のおそれを懸念する相続人が役員であった被相続人からの相続を常に放棄せざるをえないというような事態は回避することができるようになっている。

(5) 保険事故が発生しても直ちに保険金を請求することはできない

D&O保険では、保険期間中に役員が損害賠償請求を受けたことが保険事故となるが、役員が損害賠償請求を受けたからといって直ちに保険金の請求ができるわけではない。

それでは保険金を請求するためにはどのような手続を経る必要があるのだろうか(保険金請求手続の詳細については

第4章参照)。

法律上の損害賠償金に対する保険金については、役員の責任を認める判決が確定するか、または裁判上の和解、調停、書面による和解が成立することにより、役員の損害賠償責任の有無および賠償額が確定してはじめて保険金を請求することができるようになる。

争訟費用に対する保険金についても、費用の額が確定したとき(約款によっては損害賠償責任の確定時)から保険金を請求することができるとされている。争訟費用については、役員が弁護士に防御活動を依頼する時点で通常は着手金の支払いが必要となるため、被保険者である役員が争訟費用の前払いを求めることがある。このようなニーズを受けて、保険約款では、保険会社が必要と認めた場合に限り、損害賠償請求の解決に先立って争訟費用の支払いを受けることができるように定められている(争訟費用の前払いの詳細については第4章2参照)。

(6) 会社から補償を受けた場合はD&O保険の補償を受けることができない

役員が第三者から損害賠償請求された場合、会社が役員に対してその損害賠償金や争訟費用を補償する場合がある(**会社補償**の詳細については第1章5参照)。その場合、役員は、会社に対して補償請求するか、D&O保険に基づき保

第3章　D&O保険とはどのような保険か　113

険会社に対して保険金の請求をするかを選択することができる。

通常、D&O保険には、被保険者が自己負担しなければならない金額（**免責金額**）が設定されていることから、役員にとって会社補償のほうが有利な場合が多い。役員が会社補償を選択して会社から補償を受けた場合には、これにより役員の損害はてん補されていることから、さらにD&O保険を使って保険会社から補償を受けることはできない。

役員に対する補償によって損害を転嫁された会社は、**会社補償担保特約**に加入していれば、当該損害について保険会社から補償を受けることができる。

なお、会社補償は、役員が会社に対して責任を負う場合、すなわち株主代表訴訟で役員が敗訴した場合には適用できないと解されていることから、D&O保険のほうがカバーする補償範囲がより広く、この点では優れているといえる。

2 特約では何が補償されるか

　D&O保険の普通約款の補償の対象は、役員が負担する損害賠償金と争訟費用であるが、D&O保険の特約では、これらの補償範囲や免責条件に関するさまざまな特約が定められているほか、争訟費用以外に、役員や会社が負担する各種の費用を補償する特約なども設けられている。

　D&O保険に付帯することのできる特約の種類やそれぞれの内容（補償の要件や補償内容）は保険会社によって異なるが、代表的な特約には、類型ごとに以下のようなものがみられる（特約の名称も保険会社ごとに異なる）。あまり見慣れない特約も多いと思われるが、特約によって何が追加で補償されるのか、一通りは確認しておくべきであろう。

【免責事由から一定の場合を除外するもの】

特約名	概　要
株主代表訴訟担保特約	普通約款で免責となっている株主代表訴訟敗訴時担保部分を補償するもの（原則として自動付帯）
先行行為担保	初年度契約の保険期間の開始前、保険証券記

特約	載の遡及日以降の期間内の行為等に起因する損害賠償請求による損害を補償するもの
会社訴訟一部担保特約	株主からの提訴請求を受けて会社訴訟が提起された場合に、法律上の損害賠償金および争訟費用の双方を補償するもの（それ以外の会社訴訟は争訟費用のみ補償する）
被保険者間訴訟一部担保特約	役員間の責任分担に関する訴訟により役員が被る争訟費用、および他の役員からなされた株主代表訴訟等に起因する損害を補償するもの

【会社または役員に生じた費用を補償するもの】

特約名	概　要
初期対応費用担保特約	役員に対して損害賠償請求がなされた場合またはそのおそれのある状況が発生した場合に、訴訟提起日までの間に役員が当該請求に対して初期対応を行うために支出した争訟費用以外の一定の費用を補償するもの
訴訟対応費用担保特約	役員に対する損害賠償請求訴訟の提起または株主代表訴訟に係る提訴請求がなされた場合に、役員が当該訴訟提起または提訴請求に対応するために支出した争訟費用以外の一定の費用を補償するもの

会社費用担保特約	株主代表訴訟がなされた場合、会社に対して提訴請求がなされた場合または提訴請求がなされるおそれがある状況を会社が知った場合に、会社が支出する各種費用（初期対応費用、提訴請求対応費用、コンサルティング費用等）を補償するもの

【会社に生じた一定の損害を補償するもの】

特約名	概　要
会社補償担保特約	会社が役員に対して適法に会社補償をした場合の会社の損失を補償するもの

3 会社が保険料を全額負担してもよいか

　従来の日本のD&O保険で特徴的だったのは、普通約款においては役員が株主代表訴訟によって負担する損害賠償金および争訟費用を免責としたうえで、別途、**株主代表訴訟担保特約**において役員が株主代表訴訟により負う会社に対する法律上の損害賠償責任と争訟費用を補償している点である。これは、従来、役員が会社に対して損害賠償責任を負う場合の責任を補償する保険の保険料を会社が負担することの是非について会社法上の議論があったことから、株主代表訴訟で役員が敗訴した場合の補償を普通約款とは切り分けて特約化することで、特約部分の保険料を会社ではなく役員自身が負担することができるようにしたものである。この特約部分の保険料だけでも年間で数十万から100万円超の保険料負担になるといわれている。

　近時、「コーポレート・ガバナンス・システムの在り方に関する研究会」が公表した「コーポレート・ガバナンスの実践〜企業価値向上に向けたインセンティブと改革〜」は、会社がD&O保険の保険料を全額負担したとしても、D&O保険により会社の損害が回復されることから、役員の損害賠償責任による損害てん補機能が妨げられるもので

はないこと、また、わが国の標準的なD&O保険が一定の悪質な行為に対しては保険金を支払わないと定めており、役員の職務遂行から不可避的に生ずるリスクのみをカバーするものであることから、役員の損害賠償責任による違法抑止機能が害されることもないことを理由に、一定の手続を経れば会社が株主代表訴訟敗訴時担保部分を含む保険料を負担してもよいとの見解を示した。当該手続の具体例として、①取締役会の承認、および、②(i)社外取締役が過半数の構成員である任意の委員会の同意または(ii)社外取締役全員の同意の取得があげられている（第1章5参照）。

これを受けて国税庁も、2016年2月、経済産業省の照会に回答するかたちで、株主代表訴訟敗訴時担保部分の保険料について、会社が上記①②の手続を行うことにより会社法上適法に負担した場合には、役員に対する経済的利益の供与はなく、役員個人に対する給与課税を行う必要はないものと取り扱う旨を公表した。

これらにより、会社は、上記①②の手続を経れば、保険料全額を会社負担としてD&O保険に加入することができることになった。約款構成上、株主代表訴訟敗訴時担保部分を特約として区分する必要がなくなったため、今後は、普通約款において株主代表訴訟敗訴時担保部分を免責する旨の条項を設けないかたちのD&O保険が普及することが予想される。

4 D&O保険の契約時にどのような点をチェックすべきか

　D&O保険があらためて注目を集めるなかで、国内外から有能な人材を招聘し、適切なインセンティブを創出するためには、D&O保険の内容も、会社の置かれている状況やリスクの内容・程度に照らして自社に最適なものにカスタマイズする必要がある。そのため、D&O保険の内容については、ただ漫然と契約を締結して更新を繰り返すのではなく、定期的にその内容の見直しを図っていくことが重要となる。

　以下では、D&O保険を締結・更新するにあたり、実務上チェックすべきポイントを説明する。

(1) 保険金の支払限度額を確認する

　保険期間中に、すべての役員に対して支払う保険金の合計の上限額を**支払限度額**という。支払限度額の枠内で、すべての役員の争訟費用と法律上の損害賠償金が支払われるという仕組みになっている。

　補償すべき損害の合計額が支払限度額を超える場合、保険会社は履行期が到来したものから支払限度額までの保険金を支払えばよく、超過した部分の保険金請求については

支払責任を負わない。その結果、争訟費用を使えば使うほど、損害賠償金に利用できる支払限度額が減ることになるし、ある役員に対して保険による補償が行われた場合、その分だけ支払限度額のプールが縮小することになるため、他の役員が十分な補償を受けられなくなる可能性が生じる。このように保険金の支払いをめぐって役員の間に利害対立が生ずることになるが、保険約款には各役員に対する補償割合等が明確に定められておらず、実務上は、事後的に保険会社、会社および役員の間の協議によって決められることが多い。しかし、このような事後的な協議に依存する仕組みでは、自己の最終的な責任負担額を予想することが困難であるため、優秀な人物を社外取締役等に迎え入れることが困難になる。そこで、これに対する1つの解決策として、社外取締役等の一部の役員については、個別に追加の支払限度額を設定することが提案されている(「会社役員賠償責任保険(D&O保険)の実務上の検討ポイント」(第4章2(2)にて後述)第2の1参照)。

また、支払限度額は、通常、会社補償担保特約を含む各特約による補償金額にも適用されるため、特約による保険金が会社に対して支払われると、その分だけ役員に対して補償される金額が減ることになる。そのため、保険約款によっては、会社を被保険者とする各種費用の補償特約について、支払われる保険金の上限を設け、会社に対する補償

によって支払限度額を使い切ることがないよう工夫されている場合がある。

このように支払限度額は、被保険者である役員にとって、自己の最終的な責任負担額を予想するための重要な金額であるから、役員としては、まずこの金額を確認しておくことが重要である。この点について、「日本と海外の役員報酬の実態及び制度等に関する調査報告書」によれば、わが国の上場会社の約8割は、会社全体での支払限度額を10億円以下に設定しているとのことである。会社の事業規模や事業内容によっては、役員全員の損害賠償金が10億円を超えることも十分ありうるため、自社の事業規模や事業内容等に照らして適切な支払限度額が設定されているかについても慎重に検討したほうがよいだろう。

(2) どのような場合に免責となるかを知っておく

本章1(3)aにおいて述べたとおり、D&O保険では、さまざまな**免責事由**が設けられている。役員としては、自社が加入しているD&O保険においていかなる免責事由が定められているか確認したうえで、特約によって追加補償する必要がないか検討する必要がある。

また、通常、保険証券には、役員が被った損害(法律上の損害賠償金および争訟費用)のうち、自己負担することとなる金額(**免責金額**)が定められている。これは少額の請

求について保険会社を免責とすることにより、保険料を抑える機能を有するものである。D&O保険の免責金額には、役員1名あたりの免責金額と、「一連の損害賠償請求」(同一の行為またはその行為に関連する他の行為に起因するものであれば、時間的にずれて発生するすべての損害賠償請求がこれに含まれる)あたりの免責金額があり、複数の役員が提訴された場合に、前者の合計額が後者の金額を超えるときは、後者の金額が免責金額として適用されることになる。役員としては、将来自己負担しうる金額として自社のD&O保険の免責金額を確認しておく必要があろう。

(3) 責任の遡及日を定めるのが一般的

本章1(3)bにおいて述べたとおり、D&O保険による補償を受けるためには、基本的に、保険期間中に原因行為が発生し、かつ、保険期間中に役員が損害賠償請求を受ける必要がある。これを前提にすると、特に役員の任期中にD&O保険を新たに締結したり、他社から契約を切り替えたりする場合には注意が必要となる。契約締結前に生じた原因行為について、契約締結後に損害賠償請求を受けたとしても、基本的にD&O保険では補償されないためである。役員がD&O保険加入前の行為について補償を受けたい場合には、**先行行為担保特約**に加入する必要があり、その際にどの時点までさかのぼって補償を受けるか(遡及日)を

検討する必要がある。なお、「日本と海外の役員報酬の実態及び制度等に関する調査報告書」によれば、わが国の上場会社の約8割が先行行為担保特約により10年以上さかのぼって補償を受けているとのことである。

ただし、先行行為担保特約に加入していたとしても、保険加入時において、役員に対して損害賠償請求がなされるおそれのある状況、すなわち、客観的にみて損害賠償請求がなされる蓋然性が高くなった状況を知っている場合には、やはり保険金が支払われないこと（免責事由）となってしまうため、注意が必要である。

(4) 告知を正しく行うことが重要

保険契約者および被保険者は、保険契約の締結および毎年の更新の際に、保険会社に対して、保険会社が求める危険（損害の発生の可能性）に関する一定の重要事項を告知する義務があり、これについて故意または重過失により事実を告げずまたは不実のことを告げた場合、保険会社は保険契約を解除することができ、この場合には原則として保険金が支払われないことになる。保険会社が引受判断をするにあたっては、保険事故による損害発生の可能性（リスク）を適切に評価・判定することが必要であるが、当該リスクの測定に影響を与える重要な情報は、通常、保険契約者および被保険者の支配圏内にある事実であるため、保険

契約者側にその情報提供への協力を義務づけたのが**告知義務**制度であり、保険制度に不可欠な仕組みといえる。

実務上は、D&O保険の告知事項には、会社や役員の基本情報、会社の業績や財務状況に関する情報、会社や役員が過去または現在損害賠償請求や訴訟等の法的手続に関与しているか否か、役員が現時点で損害賠償請求を受ける可能性のある行為を認識しているか否かが含まれる。

経済産業省の調査によれば、D&O保険の担当部門から各役員に確認したうえで告知書を記入している企業はD&O保険加入企業の約22％にとどまり、約75％もの企業が担当部門の責任において、各役員に確認することなく告知書を記入しているとの結果になっている。しかし、告知が正しく行われているかはD&O保険の補償の有無に直結する重要な問題であるため、被保険者である役員が自ら確認する必要があるといえよう。

(5) 子会社の役員を被保険者に追加する必要はないか検討する

2014（平成26）年会社法改正により、多重代表訴訟制度が新たに創設された。これにより、一定の要件を満たす親会社等の株主において、重要な子会社の役員が当該子会社に対して負う対会社責任を、当該子会社にかわって、当該子会社のために追及することが可能になった（第2章6参

図表3-5　多重代表訴訟のイメージ

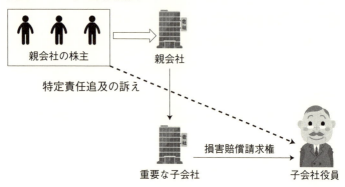

照)。

　多重代表訴訟制度の創設前においては、子会社の役員が対会社責任を追及される方法は、子会社による会社訴訟か、親会社が原告となる株主代表訴訟のいずれかしかなかった。そもそもこれらの訴訟が提起されるケースはほとんどないことに加え、D&O保険上は、いずれの訴訟形態も請求者免責事由に該当する可能性が高いことから、従来は、子会社の役員がD&O保険により補償されるケースは、第三者から訴訟を提起される場合に事実上限定されていた。

　しかし、多重代表訴訟制度の創設により、一定規模以上の重要な子会社の役員も、親会社の株主から対会社責任を追及される可能性が生じている。そのため、今後は、子会社の役員が多重代表訴訟を提起される場合に備えて、子会

社の役員を親会社または子会社のD&O保険の被保険者に追加し、D&O保険による補償の対象に含めるかについて検討することが必要となる。

> **コラム　今後D&O保険はどう変わるか**
>
> 　近年の会社法の改正、コーポレートガバナンス・コードの整備等により、D&O保険を取り巻く環境は大きく変化している。
>
> 　D&O保険の内容を拡充するには、保険料負担の増加というデメリットが伴うため、保険料の一部を役員に負担させるという従来の取扱いは、D&O保険の支払限度額の拡大や支払条件の緩和等に対する支障になっていたと指摘されている。今般、会社による保険料の全額負担が解禁されたことにより、役員が適切なリスクテイクを行い、攻めのガバナンスを実現するという観点からD&O保険の積極的な活用が期待されている。
>
> 　このような環境変化の結果、2015年度の損保大手4社のD&O保険による保険料収入は初めて100億円を超えた。また、2016年3月から一部の損保会社では、会社が役員に対して損害賠償請求する場合も包括的に補償範囲に含めるD&O保険の販売を開始しており、他の大手損保でも特約により会社訴訟の場合も補償を受けることが可能となっている。

役員の賠償 会社も負担

社外から迎えやすく

政府、指針で容認

政府は企業の役員が業務上の賠償責任を負った際に、これまで個人負担だった訴訟費用や賠償金を企業が補償することを認める新たな指針をまとめる。賠償訴訟に備えて役員が加入する会社役員賠償責任保険（D&O保険）＝3面きょうのこと＝の保険料を会社が全額負担することも容認する。役員の訴訟リスクが減らし、日本企業が社外取締役を含め外部の優秀な人材を獲得しやすくする。

今夏にも会社法の解釈に関し指針を公表する。株主代表訴訟や損害賠償で訴えられた役員が自身で賠償金や訴訟費用を支払う事例が大半で、企業が補償する制度が整っていない」（田中亘・東大准教授）。会社法では賠償金や訴訟費用を企業が補償できるか規定が明確でないためだ。

政府の成長戦略も役員への損害賠償の整備を明記した。企業のグローバル展開が進むなか、海外並みに役員の訴訟リスクを減らし、日本企業が優秀な人材を獲得できるようにする狙いだ。

新指針では、企業と役員が事前に補償契約を結ぶ前提で、企業が一定の割合で賠償金などを負担することや保険料負担には企業が保険料を全額負担しても問題ない（企業側）と明記する。ただ条件として取締役会の承認や契約の中で上限額などを定められる」（経済産業省）。米国でも多くの州の会社法で会社と役員が自由に補償契約を結ぶことを認めている。

ただ企業が過剰な補償を認めると、役員の責任感や緊張感が緩みかねない。そこで指針では、違法行為や重い過失があった役員は補償の対象外とする規定を盛り込む。

一方、D&O保険の保険料は現在、企業と役員が9対1の割合で負担するのが一般的だ。役員が負担するのは株主代表訴訟で負けた場合などの特別部分だが、それだけで年間数十万〜100万円超の負担になる。

指針策定の背景には、6月に適用が始まった企業統治指針（コーポレートガバナンス・コード）がある。同指針は企業に複数の社外取締役の選任を求めている。社外取締役は年々増えており、6月時点で東証1部上場企業の9割超が合わせて3000人超の社外取締役を選任している。

最近の株主代表訴訟では、カルテル事件に絡み住友電気工業の歴代役員22人が合計5億2000万円の解決金を支払った。

（「日本経済新聞」2015年7月4日朝刊）

第 4 章

保険金の請求はどのように行うか

D&O保険の保険金請求はどのように行われるのであろうか。第3章で解説したとおり、D&O保険は役員が株主や債権者等から損害賠償請求を受けた場合に、役員が負担することになった法律上の損害賠償金や争訟費用が保険金として役員に対して支払われるものであるが、いざ保険金を請求する段階になって必要な手続を怠ってしまうと、せっかくD&O保険に加入していても役員は確実に保険金を受け取ることができなくなる。このような事態を避けるために、万が一損害賠償請求を受けて保険金を請求することになった場合でも慌てなくてすむよう、個々の役員が保険金の請求手続を理解しておくことが重要である。

1 保険会社に対してどのような通知義務を負うか

(1) 損害賠償請求の通知を受けたらすぐに保険会社に連絡すべき

　役員が株主や債権者等から損害賠償請求の通知や訴訟提起を受けた場合には、そのことをまず保険会社に対して通知しなければならない。保険約款には、以下のような規定が置かれている。

【損害賠償請求等の通知】

> 　被保険者が損害賠償請求を受けた場合は、保険契約者または被保険者は、次の事項を遅滞なく当会社に書面により通知しなければなりません。
> ① 損害賠償請求者の氏名および被保険者が最初にその請求を知った時の状況を含め、申し立てられている行為および原因となる事実に関する情報
> ② 他の保険契約等の有無および内容（既に他の保険契約等から保険金または共済金の支払を受けた場合は、その事実を含みます。）

　このように保険会社に対する通知が義務づけられているのは、保険会社ができるだけ早く、役員の損害賠償責任の

有無や損害賠償額等の調査に着手できるようにするためである（保険会社の調査の内容は後記3参照）。

ここで注意しなければならないのは、損害賠償請求を受けた役員だけでなく、保険契約者である会社にも通知義務が課されている点である。ただし、会社か役員のどちらかが通知をすればよく、常に両方が保険会社に対して通知をしなければならないわけではない。

この通知を怠った場合には役員にどのような不利益が生じるのであろうか。保険約款には、この義務に違反した場合は、それによって保険会社が被った損害の額を差し引いて保険金を支払うことが定められている。ここでの「保険会社が被った損害」には、通知が遅れたために重要な証拠が失われ、そのために保険会社が余分に支払うことになった保険金や、調査会社に追加の調査を依頼することになった調査費用などが含まれる。

(2) 損害賠償請求のおそれがあることを知ったときも保険会社への連絡が必要

もう1つ、忘れてはならないのが、実際に役員が損害賠償請求を受けた場合だけでなく、損害賠償請求を受ける「おそれ」があることを知った場合にも、通知義務が定められている点である。保険約款では、以下のように定められている。

【損害賠償請求のおそれの通知】

> 保険契約者または被保険者が、保険期間中に、被保険者に対して損害賠償請求がなされるおそれのある状況（ただし、損害賠償請求がなされることが合理的に予想される状況に限ります。）を知った場合は、その状況ならびにその原因となる事実および行為について、発生日および関係者等に関する詳細な内容を添えて、遅滞なく当会社に書面により通知しなければなりません。<u>この場合において、通知された事実または行為に起因して、被保険者に対してなされた損害賠償請求は、保険契約者または被保険者がその状況を知った時（知ったと合理的な理由に基づき判断できる時）をもってなされたものとみなします。</u>

　これを一般に「**おそれの通知**」というが、単に保険会社ができるだけ早く将来の損害賠償請求の可能性を把握することに意味があるわけではなく、上記保険約款の下線部のとおり、「おそれの通知」があった時点で損害賠償請求があったものとみなし、その時点で締結されている保険契約の条件に従って保険金を支払うことに重要な意味がある（請求事故方式の内容については第3章1(3)b参照）。

　これは、会社や役員が損害賠償請求のおそれを知ったうえで、保険期間の途中や翌年度の契約更新の際に保険契約の条件を被保険者に有利に変更する（たとえば、保険金額を上げたり、特約を追加したりすることが想定される）こと

を防ぐ効果を有するものである。保険契約は偶然の事故に対して補償を提供するもの(偶然性の原則)である以上、保険事故の発生の可能性が高まったことを知りつつ契約条件を被保険者に有利に変更することは、この偶然性の原則に反することから、厳格な対応が必要とされるものである。

　ただし、保険約款上も「損害賠償請求がなされることが合理的に予想される状況に限ります」と定められており、将来何らかの請求を受ける可能性があることを抽象的に認識したとしても、それだけで保険会社に対する通知が必要となるわけではない。実務上は、株主や債権者等から役員に対して損害賠償請求を示唆する文書が届いた場合などが、ここでの「合理的に予想される状況」を指すものと考えられる。

　上記の2つの通知義務の内容を整理すると図表4－1のとおりである。

図表 4 − 1　損害賠償請求に関する通知義務

	損害賠償請求の通知	おそれの通知
通知義務を負う者	保険契約者・被保険者	保険契約者・被保険者
通知が必要な場合	損害賠償請求を受けた場合	損害賠償請求のおそれ（合理的に予想される状況）を知った場合
通知が必要な事項	損害賠償請求者の氏名・申し立てられている行為に関する情報・他保険契約の有無等	損害賠償請求のおそれのある状況・その原因となる事実や行為の発生日・関係者等の詳細

2 争訟費用の前払いは受けられるか

　株主から役員に対して株主代表訴訟が提起された場合、役員は代理人弁護士を選任して訴訟対応を行うことになるが、その際の弁護士費用はいつ保険会社に対して請求できるのであろうか。

(1) 争訟費用は紛争解決後に支払われるのが基本

　株主代表訴訟において役員の代理人を受任する弁護士としては、業務に着手する段階で、役員に対して一定の費用を請求する場合が多い。一般に弁護士費用の定め方には、「着手金・報酬金」方式と、「タイムチャージ」方式があり、後者の場合には業務に着手する段階でまとまった金額を支払う必要はないが、前者の場合には、役員は「着手金」として一定の費用を弁護士に対して支払わなければならない。そのため、役員としては、この着手金として支払った費用を早い時点で保険会社に請求したいと考えることが多いと思われる。

　しかし、D&O保険にはさまざまな免責事由が定められているため、代理人弁護士が業務に着手する段階で、保険会社が争訟費用として保険金を支払うことができるか否か

を判断することは難しい。そのため、役員の損害賠償責任に関する紛争が解決した後に、役員から保険会社に対して争訟費用の請求ができるとされているのが一般的である。保険約款では、争訟費用の支払いについて以下のような規定が置かれている。

【争訟費用の定義】

> 被保険者に対する損害賠償請求に関する争訟（訴訟、仲裁、調停または和解等をいいます。）によって生じた費用で、当会社が妥当かつ必要と認めたものをいいます。

【争訟費用および法律上の損害賠償金の支払い】

> 被保険者は、あらかじめ当会社の書面による同意がない限り、損害賠償責任の全部もしくは一部を承認し、または争訟費用の支払を行ってはなりません。この保険契約においては、当会社が同意した法律上の損害賠償金および争訟費用のみが損害として保険金支払の対象となります。

実務上、事前に保険会社の書面による同意を得ていなくても、紛争が解決した後に保険会社に対して必要書類を提出し、争訟費用を請求することは可能であるが、あくまでも保険会社が認めた金額のみが争訟費用として支払われる（金額については保険会社に裁量がある）点に留意すべきである。

(2) 争訟費用の前払いは保険会社の裁量による

　争訟費用は役員の損害賠償責任に関する紛争が解決した後に保険会社に対して請求できるのが基本であるが、例外的に、争訟費用の前払いを受けることができる場合がある。具体的には、保険約款で以下のように定められている。

【争訟費用の前払い】

> 　当会社は、必要と認めた場合は、損害賠償請求の解決に先立って、あらかじめ争訟費用を支払うことができるものとします。ただし、既に支払われた争訟費用の全額または一部について、この約款の規定により保険金の支払を受けられないこととなった場合は、被保険者は、支払われた額を限度として当会社へ返還しなければなりません。

　このように争訟費用の前払いに関する規定が保険約款に設けられているが、前払いを行うか否か、いくら前払いするかは保険会社の裁量によることになるし、また、事後に免責事由等に該当することが判明した場合には、いったん受領した争訟費用の返還義務を負うことに注意が必要である。

　なお、前述した「コーポレート・ガバナンス・システムの在り方に関する研究会」の報告書（「コーポレート・ガバナンスの実践～企業価値向上に向けたインセンティブと改革

〜」）の別紙2として、「会社役員賠償責任保険（D&O保険）の実務上の検討ポイント」が掲げられており、そのなかで上記の争訟費用の前払いについても言及されている。そこでは、紛争の解決等により争訟費用の金額が確定してからはじめて保険金を請求できる定めの場合に、紛争継続中に争訟費用分の保険金を請求できず、十分な防御活動を行えなくなる可能性があることが問題点としてあげられている。その解決策として、争訟費用の金額の確定を待たずに、保険会社が争訟費用をそのつど支払う旨を定めることが提言されているため、今後、争訟費用の前払いに関する保険約款の定めが変更される可能性がある点に留意すべきである。

3 保険会社はどのようにして保険金の査定を行うか

(1) 役員はどこまで調査に協力しなければいけないのか

a 保険会社の調査の対象は多岐にわたる

　保険会社は、役員に対して損害賠償請求がなされたことの通知を受けた場合、当該損害賠償請求に関して保険金を支払うことができるか、支払うべき保険金の金額はいくらになるかなど、さまざまな事項について調査を行うことになる。具体的な調査事項は、損害賠償請求の種類や請求の主体、問題とされた役員の任務懈怠の内容等に応じて異なるが、株主代表訴訟を念頭に置くと、以下のようなものが調査事項としてあげられる。

【保険会社の調査事項の例】

① 株主代表訴訟の被告となった役員が、D&O保険の被保険者に含まれるか。
② 損害賠償請求を受けた時点はいつか。どの年度の保険契約が適用されるか。

③　役員の業務に起因してなされた損害賠償請求か。
④　保険金を支払わない場合（免責事由）に該当するか。
⑤　会社や役員に告知義務違反・通知義務違反はないか。
⑥　重大事由による解除をすべき事情はないか。
⑦　役員が負うべき法律上の損害賠償責任の額はいくらか。
⑧　争訟費用として支払うべき保険金の額はいくらか。
⑨　会社や役員に損害防止軽減義務違反はないか。
⑩　保険金を支払った後に、第三者に対して求償を行う権利はあるか。
⑪　特約に基づいて会社や役員に支払うべき保険金はあるか。

　これらの事項を調査するために、保険会社は会社および役員に対して、株主代表訴訟における訴訟資料（訴状、答弁書、準備書面など）や期日報告書の提出を求めるほか、訴訟資料以外にも、社内の調査報告書をはじめとする関連資料の提出を求めるのが一般的である。ここで提出を求められる資料は、事案ごとに大きく異なるが、実際に株主代表訴訟が提起された後に、保険会社からリストを提示されるなどして、資料提出の依頼が行われることになる。たとえば、典型的な提出依頼資料には以下のようなものが含ま

れる。

【保険会社からの提出依頼資料の例】

①　社内の調査報告書、第三者委員会の調査報告書
②　取締役会議事録、経営会議等の会議資料
③　社内の権限分掌規程、取締役会規程等の諸規程
④　問題となった取引に関する契約書等の取引関係資料
⑤　会計帳簿、貸借対照表、損益計算書等の財務関係資料
⑥　社内の稟議・決裁に関する資料、メール等
⑦　問題発覚後の対応に関する経緯書等

　会社や役員に対しては、これらの資料提出依頼に加えて、保険会社からヒアリングの協力を求められることもある。ヒアリングは資料の提出依頼と並行して行われることもあり、役員の損害賠償責任の有無を確認したり、損害賠償額の算定のための情報を収集したり、免責事由の該当性を判断したりする目的で行われることが多い。会社の関係者としては、たとえば経理部門や管理部門の担当者からヒアリングが行われることがあり、また、被告となった役員に関しては、役員ごとに関与の仕方が異なることや個別に免責事由の該当性が問題となることから、役員ごとに個別にヒアリングが行われることが一般的である。

b　会社と役員には調査協力義務がある

　保険約款では、会社および役員が保険会社の調査に協力すべき義務が定められている。一般的には、保険約款に以下のような定めが置かれている。

【調査への協力】

> 　保険契約者または被保険者は、当会社が特に必要とする書類または証拠となるものを求めた場合には、遅滞なく、これを提出し、また当会社が行う損害の調査に協力しなければなりません。保険契約者または被保険者が、正当な理由なくこれに応じない場合は、当会社は、それによって当会社が被った損害の額を差し引いて保険金を支払います。

　これは、保険契約の特徴として、保険事故やその原因、損害額等に関する情報が保険契約者や被保険者の側に偏在しており、一般にこれらの情報は保険会社には知り得ないという構造的な問題があることから、保険会社による適正な保険金の支払いを確保するために、保険契約者および被保険者に対して調査への協力が義務づけられているものである。特にD&O保険は、会社の事業に関する役員のリスクを補償する保険契約であり、会社の詳細な事業内容や各役員の業務執行の状況、社内の権限分掌等に関する情報は会社ごとにさまざまであり、保険会社にとって知り得ない情報も多いことから、会社や役員が保険会社の調査に協力

することは極めて重要であるといえる。

　もっとも、保険会社から提出を求められる資料のなかには、作成や収集に時間がかかるものもあり、場合によっては他の資料で代替できる可能性もあるため、会社および役員は、損害賠償請求を受けた後（あるいはそのおそれを知った後）、できるだけ早い段階から保険会社とコミュニケーションをとり、保険金の支払いを受けるためにどのような資料が必要か、そのなかでも優先度が高い書類は何かなど、密に連携をとりながら社内における資料の収集や保険会社への提出を行っていくことが、スムーズな保険金の支払いのために重要であるといえる。

(2) 保険会社は株主代表訴訟にどのようにかかわるのか

　第2章4(1)で説明したとおり、株主代表訴訟は株主が原告となり、役員が被告となる訴訟形態であるため、D&O保険を引き受けている保険会社が訴訟当事者になるわけではない。また、保険会社が補助参加人として訴訟に参加することも考えられるが、実務上、保険会社が株主代表訴訟に補助参加することは基本的にはなく、保険会社は被告である役員や保険契約者である会社から訴訟に関する情報提供を受けながら、株主代表訴訟の手続をウォッチしていくことになる。

では、役員は保険会社の意向を気にせずに、自らの判断だけで訴訟活動を行うことができるのだろうか。答えはノーである。保険会社から保険金の支払いを受けるためには、以下に述べるとおり、被告となった役員は保険会社と連携しながら訴訟活動を行うことが不可欠である。

a 役員には損害防止軽減義務がある

第一に、保険約款において、会社および役員には損害防止軽減義務が定められている。一般的には、保険約款に以下のような定めが置かれている。

【損害の防止軽減】

> 保険契約者または被保険者は、損害を防止軽減するために必要な一切の手段を講じなければなりません。保険契約者または被保険者が、正当な理由なくこれに違反した場合は、当会社は、それによって当会社が被った損害の額を差し引いて保険金を支払います。

この損害防止軽減義務があることから、役員は、株主からの損害賠償請求に対して、必要な防御活動を行わなければならず、たとえば経営判断の原則に基づいて役員が善管注意義務違反の責任を負わないことや、株主が主張する損害と役員の任務懈怠との間に相当因果関係がないこと、株主が主張する損害額の算定方法が妥当でないことなど、通

常考えられる防御方法を適切に行使して、役員の損害賠償責任を否定し、または役員が負うべき損害賠償額を軽減するために、誠実に訴訟活動を行わなければならない。

このような義務が課されているのは、D&O保険が存在しているために、役員が安易に自らの法的責任を保険会社に転嫁すればよいと考え、本来保険がなかった場合に行うであろう十分な防御活動を行わなくなる事態（これを一般に**モラル・ハザード**という）を避けるためである。この義務に違反した場合は、保険会社が支払う保険金が減額される可能性があるため、役員としては、自ら適切と考える方法で防御活動を行うだけでなく、事後的に訴訟活動の適切さを保険会社から争われる事態を避けるために、訴訟資料を適切なタイミングで保険会社と共有するとともに、必要に応じて訴訟期日の経過を保険会社に報告したり、防御活動の方針について保険会社と協議を行うなど、保険会社の意向を適切に訴訟に反映するよう努めることが重要である。

b 保険会社には訴訟に関与する権利が留保されている

第二に、保険会社には訴訟や和解について被保険者に協力する権利が留保されており、被保険者はそのために必要な情報を保険会社に提供しなければならないとされている。保険約款では、以下のように定められている。

【損害賠償請求解決のための協力】

> (1) 当会社は、必要と認めた場合は自己の費用をもって、被保険者に対する損害賠償請求についての調査、調停、仲裁、和解もしくは訴訟につき、被保険者に協力することができるものとします。この場合において、被保険者は、当会社の求めに応じ、当会社に協力し必要な情報を提供しなければなりません。
> (2) 被保険者が正当な理由なく(1)の当会社の求めに応じない場合は、当会社は、それによって当会社が被った損害の額を差し引いて保険金を支払います。

　これは、訴訟等における防御活動について、保険会社が被保険者に対する助言などの関与を行う権利を認めているものである。被保険者は保険会社に対して必要な情報を提供しなければならないとされており、この義務に違反した場合は、保険会社が支払う保険金が減額される可能性がある。もっとも、この規定の効果として、役員は当然に保険会社の助言に従う義務が生じるわけではないとされており、上記aと一体となって、防御活動の方針について保険会社と協議しながら、役員が負うべき損害賠償責任を防止軽減することが重要であると考えられる。

c 役員は保険会社の同意なく損害賠償責任の承認をしてはいけない

　第三に、役員があらかじめ保険会社の書面による同意を得ることなく、損害賠償責任の全部または一部を承認することは認められていない(保険約款の定めは本章2(1)参照)。そのため、株主代表訴訟の防御活動においても、事前に保険会社の同意を得ずに、被告である役員が原告の主張に対して法的責任を認める答弁を行うことや、必要な反論を行わずに敗訴のリスクを高めることは、実質的に損害賠償責任の承認に当たると判断される可能性がある。

　これらは同時に、上記 a の損害防止軽減義務に違反することになる場合もあるほか、保険会社から防御活動の指示を受け、または反論するよう求められているにもかかわらず、その指示や要求に応じなかった場合には、上記 b の協力義務に違反すると判断される場合もある。

　役員が保険会社の同意なく損害賠償責任の承認を行った場合には、保険会社は判決や和解等により役員が負担することとなった損害賠償責任の内容に拘束されることなく、保険会社が自ら「被保険者が負うべき法律上の損害賠償責任」として妥当と認める範囲で保険金を支払うことになる。その結果、役員が保険会社の認める損害賠償責任の範囲に納得ができない場合には、役員から保険会社に対して

保険金請求訴訟を提起せざるをえないが、その際は、役員の側において、仮に役員が承認を行わなかったとしても、法律上役員に対して同金額以上の損害賠償責任が生じていたことを立証しなければならない（さらに、事案によっては、保険会社の同意を得ることなく損害賠償責任を承認したことにつき、保険会社から損害賠償請求を受ける可能性もある）。

d 保険会社と連携をとることが重要

上記のとおり、保険約款上、役員には訴訟活動に関してさまざまな義務が課されており、また、保険会社にも訴訟への関与や損害賠償責任の判断についての裁量が幅広く認められているため、株主代表訴訟の被告となった役員は、保険会社と密に連携をとり、防御活動の方針につき保険会社の理解を得ながら、訴訟追行を行っていくことが重要である。

なお、第一審（控訴審）で役員が敗訴判決を受けた場合に、控訴（上告）するか否かの判断にあたって役員と保険会社との間で意見が食い違う場合があるが、敗訴した役員としては、上記の保険約款の規定に照らして、保険会社が認める「法律上の損害賠償責任」との間に齟齬が生じる可能性があることから、保険会社と十分な協議を行いながら控訴（上告）の判断を行うべきであると考えられる。

4 保険金の支払いまでの流れはどのようなものか

　株主代表訴訟を念頭に置いた場合、保険金の支払いまでの基本的な流れは次の表のとおりである。以下では、それぞれの場面ごとに役員が留意すべき点について解説を行うこととする。

【提訴請求から保険金支払いに至るまで】

① 株主からの提訴請求
　　〈保険会社に対しておそれの通知が必要（後記(1)）〉
　　↓
② 会社から役員に対する訴訟（会社訴訟）の提起
　　　または　会社から株主に対する不提訴理由の通知
　　〈会社訴訟の場合には免責事由に該当する（後記(1)）〉
　　↓
③ 株主代表訴訟の提起
　　〈保険会社に対して損害賠償請求の通知が必要（後記(2)）〉
　　↓
④ 保険会社による訴訟への関与
　　〈どのように訴訟に関与するか（後記(2)）〉
　　↓
⑤ 判決または和解による損害賠償責任の確定
　　〈役員が和解を行う際の留意点は何か（後記(3)）〉

⑥　保険金請求書類の提出
　　〈どのような書類の提出が必要か（後記(3)）〉
　　↓
⑦　保険金の支払い
　　〈保険金の支払いまでにはどの程度の期間が必要か（後記(4)）〉

(1) 提訴請求から株主代表訴訟の提起まで

　第2章3(5)で説明したとおり、株主が株主代表訴訟を提起するためには、まず会社（監査役等）に対して提訴請求を行う必要があり、会社（監査役等）が60日以内に会社訴訟を提起しない場合に初めて、株主代表訴訟を提起することができる。そのため、遅くとも株主から会社に対して提訴請求があった時点で、保険契約者である会社または被保険者である役員は、保険会社に対して、おそれの通知として提訴請求の内容を通知することが必要である（本章1(2)参照）。実務的な対応としては、まず提訴請求を受けた事実を電話または電子メール等により保険会社の担当者に連絡した後、提訴請求書の写しを保険会社に提出するのが一般的である。

　保険会社が提訴請求の通知を受けると、そこから直ちに調査に着手することになるが、その時点では、60日以内に

第4章　保険金の請求はどのように行うか　151

会社訴訟が提起されるか否かが未確定であるうえに、最終的に株主代表訴訟が提起された場合にだれが被告になるかも未確定であるため(提訴請求の対象とされた多数の役員のうち、一部のみが株主代表訴訟の被告となることも珍しくない)、保険会社としては、会社や役員から質問を受ける場合に備えて、提訴請求の対象とされている役員の任務懈怠等がD&O保険の支払事由に含まれるものであるか否か(たとえば役員の業務に起因する損害賠償請求であるか等)や、提訴請求の対象とされている役員がD&O保険の被保険者に含まれるか否か(たとえば初年度契約よりも前に退任した役員が対象に含まれていないか等)など、限定的な事項の調査を行うことが多い。

ここで留意すべき点は、提訴請求を受けた会社(監査役等)が会社訴訟を提起した場合は、普通保険約款上の免責事由(第3章1(3)a)に該当し、役員に対して保険金(法律上の損害賠償金および争訟費用)が支払われないのに対して、会社訴訟を提起せずに株主代表訴訟が提起された場合には、株主代表訴訟担保特約によりD&O保険の補償対象に含まれるため、会社訴訟を提起するか否かで大きな違いが生じる点である。

(2) 株主代表訴訟の提起後における訴訟活動

会社(監査役等)が会社訴訟を提起せず、株主から役員

に対して株主代表訴訟が提起された場合には、会社または役員は、その事実とともに、原告の氏名や被告となった役員の情報、原告が請求している損害賠償責任の内容、その原因等を保険会社に対して書面で通知しなければならない（本章1⑴参照）。実務的な対応としては、まず株主代表訴訟が提起された事実を電話または電子メール等により保険会社の担当者に連絡した後、訴状や書証等の写しを保険会社に提出するのが一般的である。

株主代表訴訟が提起されると、被告となった役員は自ら代理人弁護士を選任し、防御活動を行うことになる。その際の弁護士費用については、本章2で解説したとおり、保険会社から前払いが受けられるのは例外的であるため、いったんは役員において弁護士費用を負担し、紛争解決後に争訟費用として保険金を請求することになるのが一般的である。ここで注意が必要なのは、争訟費用は「被保険者に対する損害賠償請求に関する争訟（訴訟、仲裁、調停、和解等）によって生じた費用」に限られており、別途特約による補償がない限り、株主代表訴訟が提起される前に役員が個別に弁護士に相談した費用等は、D&O保険における補償対象に含まれない点である。

株主代表訴訟の訴訟活動は、基本的に被告である役員が自らの責任において行うことになるが、本章3⑵で説明したとおり、十分な防御活動が行われていないと判断された

場合には、仮に判決等で役員の損害賠償責任が確定した場合でも、保険会社から保険金が支払われない可能性があるため、役員としては、訴訟資料を保険会社と共有し、防御活動の方針について保険会社と協議を行うなど、保険会社の意向をふまえて訴訟活動を行うことが重要である。

上記のとおり、保険会社は、株主代表訴訟について一定の関与をすることになるが、それと並行して、保険金の支払可否の判断のための調査も行うことになる。

まず、被告となった役員がD&O保険の被保険者に該当するか否かを確認するために、保険会社は役員から訴状を受領して被告の氏名を確認するとともに、会社に対して被告となった各役員の在任期間等を確認するのが一般的である。ここで、親会社が保険契約者となり、子会社の役員を被保険者としているD&O保険において、その記名子会社（保険証券において指定されている子会社）の役員が被告となった場合（少数株主が存在する場合や多重代表訴訟の場合など）には、次の免責事由に該当しないかどうか確認が必要である（第3章1(3)a参照）。

【子会社非該当免責事由】

① その記名子会社が記名法人の会社法に定める子会社に該当しない間に行われた行為（またはその行為に関連する他の行為）に起因する損害賠償請求
② その記名子会社が記名子会社として保険証券に記載され

> た時よりも前に行われた行為（またはその行為に関連する他の行為）に起因する損害賠償請求

次に、仮に被告の損害賠償責任が認められた場合に、保険会社は保険金を支払うことができるかを検討することになるが、当初の段階でよく問題となるのは、次の免責事由に該当しないかどうかである（第3章1(3)a参照）。

【保険範囲調整免責事由】

> ① 初年度契約の保険期間の初日より前に行われた行為（またはその行為に関連する他の行為）に起因する一連の損害賠償請求
> ② この保険契約の保険期間の初日において、役員に対する損害賠償請求がなされるおそれがある状況を会社またはいずれかの役員が知っていた場合に、その状況の原因となる行為に起因する一連の損害賠償請求

この点は、訴状の段階で明らかになることもあるが、株主代表訴訟の実務においては、訴訟提起の段階で原告に十分な資料がないために、訴訟提起後になって被告や裁判所から原告に対する求釈明が行われ、次第に原告の主張内容が明らかになる場合もあるため、どの時点の行為が役員の任務懈怠として損害賠償請求の対象となっているかは、訴訟の進行もふまえつつ慎重に判断しなければならない。

さらに、D&O保険にはさまざまな免責事由が定められ

ているため、保険会社は訴訟の進行をみながら、その他の免責事由に該当しないかどうかについても順次検討を行っていくことになり、その過程で、会社や役員に対して資料提出の依頼が行われたり、役員や会社関係者のヒアリングが行われたりすることがある（本章3⑴参照）。多くの事案で問題となる免責事由としては、次のようなものがあげられる（第3章1⑶a参照）。

【保険約款上の免責事由】

① 役員の犯罪行為に起因する損害賠償請求
② 法令に違反することを役員が認識しながら行った行為に起因する損害賠償請求
③ 身体の障害、精神的苦痛、財物の滅失、プライバシー侵害等の人格権侵害についての損害賠償請求
④ 役員または記名法人もしくはその子会社が関与して、記名法人もしくはその子会社の発行した有価証券を所有する者によってなされた損害賠償請求
⑤ 合併、事業譲渡等が行われた場合において、取引の発効日の後に行われた行為に起因する損害賠償請求

(3) 損害賠償責任の確定から保険金請求書類の提出まで

D&O保険における保険金請求権の行使については、保

険約款で以下のように定められているのが一般的である。

【保険金の請求】

> 当会社に対する保険金の請求権は、被保険者が損害賠償請求権者に対して負担する法律上の損害賠償責任の額について、被保険者と損害賠償請求権者との間で、判決が確定した時、または裁判上の和解、調停もしくは書面による合意が成立した時から発生し、これを行使することができるものとします。

このように保険金請求のためには、損害賠償責任の確定が必要であるため、役員は株主代表訴訟における判決の確定または裁判上の和解の成立後に、保険会社に対して保険金を請求することになる。

裁判上の和解を行うにあたっては、本章3(2)cで解説したとおり、役員はあらかじめ保険会社の書面による同意がない限り損害賠償責任の全部または一部を承認することができないため、役員は裁判上の和解に先立ち、保険会社と協議を行わなければならない。具体的には、役員は保険会社に対して損害賠償責任の根拠を示す必要があり、さらに保険会社から求められた資料を提出したりヒアリングに応じたりすることで免責事由に該当しないことも明らかにする必要がある。そのうえで、役員は保険会社との間で、具体的な和解条件等について協議を行うことになるが、その際には以下の点に注意が必要である。

a 保険会社には同意をする義務はない

まず、保険会社には和解に同意をする義務はないため、保険会社から事前の同意が得られない可能性を十分考慮しておく必要がある。もっとも、仮に保険会社から事前の同意が得られなかった場合でも、このことのみを理由にいっさい保険金が支払われないわけではなく、保険会社が十分な調査を行い、最終的に和解の内容が合理的であると判断した場合には、保険金が支払われる可能性があるため、役員としては、自己の判断により裁判上の和解を成立させることも選択肢の1つである（ただし、この場合でも、事後に損害防止軽減義務等の違反が問題とならないように、事前に保険会社に対する十分な情報提供を行い、保険会社との間で可能な限りの協議を行っておくことが望ましい）。

b 保険会社の同意に要する時間を考慮する

次に、裁判上の和解について保険会社の同意が得られる場合でも、被告である役員の代理人弁護士としては、保険会社の社内決裁の手続に要する時間を考慮し、十分な余裕を持って和解期日を設定するなどの対応が必要である。

c 保険金の支払手続に注意する

さらに、保険金の支払手続に関しても事前に検討を行

い、必要な条項を和解調書に盛り込むことが必要である。その際には、あまり知られていないが、保険法22条（責任保険契約における先取特権）の規定にも注意が必要である。すなわち、保険法22条2項では、基本的に被保険者が保険会社から保険金を受け取ったうえで損害賠償請求権者に対して賠償金を支払うことができないこととなっている。そのため、実務的には、株主代表訴訟における和解を行う際には、和解調書において定める会社の口座に保険会社が直接保険金（損害賠償金）を支払うことが必要となる（一方、争訟費用については保険会社から被保険者の口座に支払われることになる）。被告代理人弁護士としては、和解調書に基づきスムーズに保険金の支払いが受けられるよう、保険金の支払期日だけでなく、保険金の支払先についても確認が必要である。

　このように損害賠償責任が確定した後、役員は保険金請求のために必要な書類を調えて保険会社に提出する必要がある。保険約款では、以下のような書類が定められているのが一般的である。

【保険金請求のために必要な書類】

① 保険金の請求書
② 被保険者が負担する法律上の損害賠償責任の額を示す判決書、調停調書、和解調書または示談書
③ 被保険者が法律上の損害賠償金を弁済したことおよびそ

> の金額を証明する書類
> ④ 被保険者が保険金の請求をすることについて被害者の承諾があったことおよびその金額を証明する書類
> ⑤ 争訟費用の支出を証明する領収書または精算書
> ⑥ その他保険会社が必要な事項の確認を行うために欠くことのできない書類または証拠として保険契約締結の際に交付する書面等において定めたもの

　また、保険約款では、保険金請求の際に、損害賠償請求の内容や損害賠償責任の額等に応じ、保険会社は保険契約者または被保険者に対して、上記以外の書類または証拠の提出や、保険会社が行う調査への協力を求めることができるとされている。そのため、会社および役員は、保険会社の求めに応じて、追加書類の提出や保険会社の調査への協力を行わなければならない。会社または役員が、正当な理由なくこの義務に違反した場合や提出書類に不実記載があった場合、提出書類や証拠を偽造・変造した場合には、それによって保険会社が被った損害の額が保険金から差し引かれる点に注意が必要である。

(4) 保険金請求書類の提出から保険金の支払いまで

　役員が保険会社に対して保険金請求に必要な書類を提出した場合には、その時点で保険約款上の「請求完了日」となり、その日から一定の日数の間に保険金が支払われるこ

とが定められている。具体的な保険約款の規定は、以下のとおりである。

【保険金の支払い】

(1) 当会社は、請求完了日からその日を含めて30日以内に、当会社が保険金を支払うために必要な次の事項の確認を終え、保険金を支払います。(中略)
(2) (1)の確認を行うため、次に掲げる特別な照会または調査が不可欠な場合は、(1)の規定にかかわらず、当会社は、請求完了日からその日を含めて次に掲げる日数を経過する日までに、保険金を支払います。

特別な照会または調査	日数
① 警察、検察、消防その他の公の機関による捜査・調査結果の照会	180日
② 専門機関による鑑定等の結果の照会	90日
③ 災害救助法が適用された災害の被災地域における調査	60日
④ 日本国内に代替的な手段がない場合の日本国外における調査	180日
⑤ 損害賠償請求の原因となる事由または事実の検証・分析を行うために特殊な専門知識・技術を要する場合等において、専門機関による鑑定等の結果の照会	180日

これは、一般に**保険給付の履行期**といわれるものであるが、仮に保険金請求書類だけが先に保険会社に提出されたとしても、保険約款上の保険金請求の要件を満たしてはじめて、履行期が進行することになる。前述したとおり、株主代表訴訟においては、提訴請求の段階から保険会社が手続に関与し、保険金支払いのための調査に着手することが多く、また、損害賠償責任が確定してから保険金の請求が行われるため、その後の調査や確認に長期間を要することは通常考えにくい（他方で、会社または役員から保険会社に対する損害賠償請求の通知が遅れ、損害賠償責任の確定までに保険会社が十分な調査を行うことができなかった場合には、その後の調査期間が長期化する傾向にある）。

　このように、損害賠償責任の確定後にすみやかに保険金の支払いを受けるためにも、役員としては、早い段階から保険会社に必要な情報を提供し、適宜保険会社と協議を行いながら、株主代表訴訟の手続を進めていくことが重要である。

5 複数の役員が損害賠償請求を受けた場合の注意点

　株主が複数の役員を被告として株主代表訴訟を提起する場合のように、複数の役員が同時期に損害賠償請求を受けることも決して珍しくない。しかし、その場合には、各役員の間に利益相反の可能性があるため、慎重な対応を行う必要がある。

(1) 保険金額が共通であることによる問題

　まず、D&O保険においてはすべての役員が被保険者となり、特約で個別に補償限度額の増額を行わない限り、1事故あたりの保険金額はすべての役員で共有することになる。そのため、一部の役員のみが先に争訟費用の前払いを受けたり、和解により損害賠償責任を確定させて保険金が支払われたりすることになると、残りの役員が補償を受けられる範囲がその分だけ減ることになる。

　このように、保険金額について各役員の間に利益相反があるため、実務的には、一部の役員のみに対して保険会社が争訟費用の前払いを行ったり、損害賠償責任の承認についての同意を行うことはしないのが一般的である。もっとも、保険会社にはこれらの判断についても裁量が認められ

るため、保険会社が各役員をすべて平等に扱う義務を負うものではない。

(2) 各役員の関与の違いによる問題

次に、複数の役員が損害賠償請求を受けた場合でも、各役員の間で所管部門の違いや関与の仕方に違いがあることから、損害賠償責任の有無やその範囲についても差が生じることが珍しくない。たとえば、問題となった行為に直接関与した役員と、監督責任を問われている役員では、損害賠償責任の可能性やその範囲について利害が異なり、また、取締役会決議が問題となった事案では、その取締役会に出席していた役員と欠席した役員で利害が異なることになる。さらに、社外役員とそれ以外の役員でも利害が異なることが多い。

このように、各役員の関与の違いによって利益相反の問題が生じうることに加えて、保険約款上の免責事由（たとえば法令違反の認識の有無）に該当するか否かが役員によって異なる可能性もある。そのため、複数の役員が損害賠償請求を受けた場合には、役員ごとに別の代理人弁護士を選任することが考えられる。もっとも、情報共有の効率化や争訟費用の抑制、主張の矛盾を回避するなどの理由から、実務上は、利害関係を同じくする役員をいくつかのグループに分け、グループごとに代理人弁護士を選任する方

法(たとえば取締役会に出席していた役員のグループと、欠席していた役員のグループで別々の代理人弁護士を選任する等)が広く行われている(第2章4(5)参照)。

> **コラム　海外で訴訟が提起された場合はどうするか**
>
> 　役員が株主や取引先から損害賠償を求めて訴訟を提起されるのは、何も日本国内の裁判所に限られることではない。海外で事業を行っている会社であればもちろんのこと、日本国内で事業を行っている会社であっても、外国人投資家などから海外で訴訟を提起される可能性は否定できない。
>
> 　この場合に忘れてはいけないことは、仮に言いがかりのような訴訟であったり、海外の裁判所に裁判管轄がないことを争う場合であっても、役員は代理人弁護士を選任して訴訟の対応を行わなければならず、その際の弁護士費用が非常に高額になる可能性があるということである。D&O保険の役割の1つが、争訟費用として弁護士費用の補償が受けられる点であり、D&O保険に加入する際には、上記のように海外で訴訟が提起された場合のことも考えて、D&O保険の適用地域を定める必要がある。
>
> 　保険約款によっては、最初からD&O保険の適用地域を「全世界」としている場合もあるが、保険証券において適用地域を定めている場合もあるため、将来の訴訟リスクに備えて、現在

加入しているD&O保険の契約内容を確認しておくことが望ましい。

　また、仮にD&O保険の適用地域が「全世界」とされている場合であっても、日本の保険会社の保険約款では、保険会社に防御義務が定められていないことが一般的であるため、現地で訴訟対応をする代理人弁護士を役員（または会社）が見つけなければならないのが原則である。保険会社によっては、現地の弁護士を紹介してもらえる場合もあるが、役員が自ら代理人弁護士を選任する場合には、D&O保険の保険金請求のことも考えて、保険会社に相談しながら委任する代理人弁護士を検討するのが得策であると思われる。

■あとがき

　本書は『株主代表訴訟とD&O保険』というタイトルのとおり、多くの役員にとって他人事に思われがちな株主代表訴訟の仕組みと、実際にこれが提起された場合のD&O保険による役員の補償について解説を行ったものである。

　D&O保険に限らず、「保険」と聞くと、どうしても難解な保険約款のイメージを持たれるかもしれないが、いざというときに保険金が支払われなければ、せっかく保険に入っていても意味がない。そのため、現職の役員や将来の役員候補であれば、D&O保険について十分に理解しておく必要がある。しかし、実際には、D&O保険の支払事例は一般に公開されないうえに、そもそも企業が加入する保険については裁判例自体が少なく、解説書もほとんどないため、保険金の支払いに関しては保険会社側に情報が偏っているのが実態である。

　このような現状から、本書では、現在役員を務めておられる方や、今後役員に就任される方のために、株主代表訴訟の仕組みや手続の流れとあわせて、D&O保険の主要な約款の内容や実務上の留意点について、短い時間で効率的に知っていただけるように意識したものである。

　昨今、経済情勢の変化とともに、さまざまな分野での法律改正が相次いでおり、企業活動を取り巻く環境は刻一刻

と変わり続けている。しかも、最近の判例の流れでは、企業の経営を担う役員に幅広い注意義務が課せられる傾向にあり、さらに、株主、取引先、監督官庁、マスコミ等々、役員の経営判断を監視する目もいっそう厳しくなっている。

　そのようななかで、事後的な目からみた「判断ミス」を理由に役員が責任追及を受け、個人資産から多額の損害賠償を強いられるリスクにさらされることになれば、役員に就任することによる負担は極めて過大なものとなり、有能な人材を役員に登用することがむずかしくなる。これでは、コーポレートガバナンス・コードで求められるような「攻めのガバナンス」を推奨するといっても、すべて絵に描いた餅になってしまう。

　株主代表訴訟の制度により、企業のステークホルダーである株主の利益を保護することは極めて重要である。しかし同時に、役員がリスクの回避だけにとらわれず、適切なリスクテイクを伴う経営判断を行うためには、役員に生じることになる損害賠償リスクをD&O保険によって適切に補償することもまた不可欠である。

　このような観点から、会社および役員を守るためのD&O保険が今後ますます活用され、日本企業の発展を支える重要なインフラの1つとなることを心より期待したい。

【参考文献】

[第1章]
岩原紳作編『会社法コンメンタール9─機関(3)』商事法務、2014年

[第2章]
江頭憲治郎『株式会社法〔第6版〕』有斐閣、2015年
東京地方裁判所商事研究会編『類型別会社訴訟Ⅰ〔第3版〕』判例タイムズ社、2011年
江頭憲治郎ほか編『会社法大系第4巻』青林書院、2008年
垣内正編『裁判実務シリーズ6　会社訴訟の基礎』商事法務、2013年
江頭憲治郎＝中村直人編著『論点体系　会社法6』第一法規、2012年
江頭憲治郎＝中村直人編著『論点体系　会社法〈補巻〉』第一法規、2015年

[第3章][第4章]
山下友信編著『逐条D&O　保険約款』商事法務、2005年

■事項索引■

【あ】

悪意 ……………………………………………………… 78
アパマンショップ株主代表訴訟事件 …………………… 14

【い】

異議の催告 ……………………………………………… 85

【お】

おそれの通知 …………………………………………… 133

【か】

会社訴訟 ………………………………………………… 107
会社訴訟一部担保特約 ………………………… 107、116
会社補償 ………………………………………………… 113
会社補償担保特約 ……………………………… 114、117
会社役員賠償責任保険 …………………………… 5、98
確定判決と同一の効力 ………………………………… 84
株式譲渡制限会社 ……………………………………… 72
株主代表訴訟 …………………………………………… 44
株主代表訴訟担保特約 ……………… 106、115、118
株主の悪意 ……………………………………………… 48
監査委員 ………………………………………………… 65
監査等委員 ……………………………………………… 64
監査等委員会設置会社 ………………………………… 64
監査役設置会社 ………………………………………… 44
監査役の監視義務 ……………………………………… 26
監視義務 …………………………………… 13、23、25

【き】

企業不祥事 …………………………………………………… 49、54
記名子会社 …………………………………………………………… 110
記名法人 ……………………………………………………………… 110
共同訴訟人 …………………………………………………………… 79

【け】

経営判断の原則 ……………………………………………… 13、15
原告適格 ……………………………………………………………… 51
権利濫用 ……………………………………………………………… 77

【こ】

公開会社 ……………………………………………………………… 71
コーポレートガバナンス …………………………………………… 50
コーポレートガバナンス・コード ………………………… 4、96
コーポレート・ガバナンス・システムの在り方に関する研究
　会 …………………………………………………………… 38、40
告知義務 ……………………………………………………………… 125
コンプライアンス …………………………………………………… 50

【さ】

最終完全親会社等 …………………………………………………… 91

【し】

支払限度額 …………………………………………………………… 120
指名委員会等設置会社 ……………………………………………… 65
蛇の目基準 …………………………………………………………… 78
初期対応費用担保特約 ……………………………………………… 116

【せ】

請求事故方式 ………………………………………………………… 107
請求者免責事由 ……………………………………………………… 106

責任限定契約 ································· 33
責任限度額 ··································· 34
責任調査委員会 ······························· 58
攻めのガバナンス ····························· 4
善管注意義務違反 ························ 10、70
先行行為担保特約 ················ 110、115、123

【そ】

総株主の同意 ································· 93
争訟費用 ································· 38、99
遡及日 ······································ 123
訴権濫用 ····································· 76
訴訟告知 ································· 46、80
訴訟参加 ····································· 79
訴訟上の和解 ································· 84
訴訟費用 ····································· 88
疎明 ··· 77

【た】

第三者委員会 ································· 56
大和銀行株主代表訴訟事件 ················ 28、50
多重代表訴訟 ···························· 51、89
担保提供命令 ···························· 47、77

【て】

提訴請求 ···························· 46、57、63
適切なリスクテイク ··························· 97
デジタル・フォレンジック ················ 61、93

【と】

特定責任 ····································· 92
特定責任追及の訴え ··························· 89
取締役の善管注意義務違反 ····················· 49

【な】

内部告発 …………………………………………………… 55
内部通報 …………………………………………………… 55
内部統制システム ………………………………………… 55
内部統制システム構築義務 …………………………… 13、29

【に】

日弁連ガイドライン ……………………………………… 58
任務懈怠 ………………………………………………… 10、12

【の】

ノヴァの役員に対する第三者からの損害賠償請求事件 ………… 22

【ひ】

被保険者 …………………………………………………… 97
被保険者追加特約 ………………………………………… 111

【ふ】

福岡魚市場株主代表訴訟事件 …………………………… 18
不祥事 ……………………………………………………… 96
不提訴理由の通知 ……………………………………… 57、65
不当訴訟要件 ……………………………………………… 78
不法不当目的要件 ………………………………………… 78
文書提出命令 ……………………………………………… 82

【ほ】

法定訴訟担当 ……………………………………………… 72
法律上の利害関係 ………………………………………… 80
法令違反 …………………………………………………… 10
法令違反認識免責事由 …………………………………… 103
保険給付の履行期 ………………………………………… 162
保険事故 …………………………………………………… 101

保険範囲調整免責事由 …………………………………… 106
補助参加 …………………………………………………… 79

【め】

免責金額 …………………………………………… 114、122
免責事由 …………………………………………… 101、122

【も】

モラル・ハザード ………………………………………… 146

【や】

役員等 ……………………………………………………… 8
役員等の対会社責任 ……………………………………… 9
役員等の対第三者責任 …………………………………… 10

■ 編者・著者紹介 ■

[編者]

弁護士法人大江橋法律事務所

1981年に設立して以来、海外のさまざまな法律問題に対応してきた実績があり、日本の法律事務所で最初に上海に事務所を開設するなど積極的に渉外業務に取り組み、現在も各国の有力な法律事務所と独自のネットワークを構築している。弁護士数は、外国法事務弁護士を含めて120名を超え（2016年10月現在）、保険法を含む企業法務や会社・商事訴訟、企業再編など幅広い分野において、専門的な法的アドバイスを提供している。

（東京事務所）
　〒100-0005　東京都千代田区丸の内2-2-1　岸本ビル2階
　電話番号：03-5224-5566　　FAX番号：03-5224-5565

（大阪事務所）
　〒530-0005　大阪市北区中之島2-3-18
　　　　　　　中之島フェスティバルタワー27階
　電話番号：06-6208-1500　　FAX番号：06-6226-3055

（名古屋事務所）
　〒450-0002　名古屋市中村区名駅4-4-10
　　　　　　　名古屋クロスコートタワー16階
　電話番号：052-563-7800　　FAX番号：052-561-2100

[著者]

関口　智弘（せきぐち　のりひろ）

弁護士法人大江橋法律事務所（東京事務所）弁護士
1970年生まれ
1994年　早稲田大学法学部卒業
1997年　弁護士登録
2003年　University of Virginia School of Law卒業（LL.M.）
2003～2004年　Baker & McKenzie LLP（Chicago）勤務
2004年　ニューヨーク州弁護士登録

嶋寺　基（しまでら　もとい）

弁護士法人大江橋法律事務所（東京事務所）弁護士
1974年生まれ
1998年　京都大学法学部卒業
2000年　弁護士登録
2005年　University of California, Berkeley School of Law卒業（LL.M.）
2005～2006年　Pillsbury Winthrop Shaw Pittman LLP（Los Angeles）勤務
2006年　ニューヨーク州弁護士登録
2006～2008年　法務省民事局参事官室にて勤務（保険法の立法を担当）

山口　拓郎（やまぐち　たくろう）

弁護士法人大江橋法律事務所（東京事務所）弁護士
1980年生まれ
2003年　東北大学法学部卒業
2005年　弁護士登録
2012年　University of Southern California Law School卒業（LL.M.）
2012～2013年　Winston & Strawn LLP（New York, London）勤務
2013年　ニューヨーク州弁護士登録

早野　述久（はやの　のぶひさ）

弁護士法人大江橋法律事務所（東京事務所）弁護士
1984年生まれ
2008年　東京大学法学部卒業
2010年　東京大学法科大学院卒業
2011年　弁護士登録
2014年1～7月　大江橋法律事務所（上海）勤務

KINZAI バリュー叢書
株主代表訴訟とD&O保険

平成28年12月26日　第1刷発行

　　　　　　　　　編　者　弁護士法人大江橋法律事務所
　　　　　　　　　発行者　小　田　　徹
　　　　　　　　　印刷所　三松堂印刷株式会社

〒160-8520　東京都新宿区南元町19
発　行　所　一般社団法人 金融財政事情研究会
　　編集部　TEL 03(3355)2251　FAX 03(3357)7416
販　　売　株式会社きんざい
　　販売受付　TEL 03(3358)2891　FAX 03(3358)0037
　　　　　　URL http://www.kinzai.jp/

・本書の内容の一部あるいは全部を無断で複写・複製・転訳載すること、および磁気または光記録媒体、コンピュータネットワーク上等へ入力することは、法律で認められた場合を除き、著作者および出版社の権利の侵害となります。
・落丁・乱丁本はお取替えいたします。定価はカバーに表示してあります。

ISBN978-4-322-13035-5